Tus Fuerzas y Cómo Usarlas

PRENTICE MULFORD

Traducción de
Marcela Allen Herrera

WISDOM COLLECTION
PUBLISHING HOUSE

Wisdom Collection LLC
McKinney, Texas/75070

www.wisdomcollection.com

Tus Fuerzas y cómo usarlas. – 1 ed.
ISBN: 978-1-63934-035-4

Cada Pensamiento tuyo es una
cosa real, una Fuerza.

—PRENTICE MULFORD

CONTENIDOS

DIOS

Un Poder y una Sabiduría supremos gobiernan el Universo. La Mente Suprema es ilimitada e impregna el espacio infinito. La Sabiduría, el Poder y la Inteligencia Suprema están en todo lo que existe, desde el átomo hasta el planeta.

El Poder y la Sabiduría Supremos están más que en todo. La Mente Suprema lo es todo. La Mente Suprema es cada átomo de la montaña, el mar, el árbol, el pájaro, el animal, el hombre, la mujer. La Sabiduría Suprema no puede ser comprendida por el ser humano ni por los seres superiores a él. Pero el ser humano recibirá gustosamente el pensamiento y la sabiduría supremos, y dejará que trabaje por la felicidad a través de él, sin preocuparse de desentrañar su misterio.

El Poder Supremo nos tiene a su cargo, como tiene a los soles y a los interminables sistemas de mundos en el espacio. A medida que reconozcamos más esta sabiduría sublime e inagotable, aprenderemos cada vez más a pedir que esa sabiduría se dirija a nosotros, a convertirla en una parte de nosotros mismos, y así nos haremos cada vez más nuevos. Esto significa una salud cada vez más perfecta, un poder cada vez mayor para disfrutar de todo lo que existe, la transición gradual a un estado superior del ser y el desarrollo de poderes que ahora no percibimos como propios.

Somos las partes y expresiones limitadas, pero siempre crecientes, del Todo Supremo e Interminable. Es el destino de todos, con el tiempo, ver su relación con el Supremo y también ver que el camino recto y estrecho hacia una felicidad cada vez mayor consiste en una perfecta confianza y dependencia del Supremo por una sabiduría y una idea completamente armónica que no podemos originar individualmente. Pidamos, pues, diariamente la fe, porque la fe es el poder de creer y el poder de ver que todas las cosas son partes del Espíritu Infinito de Dios, que todas las cosas tienen el bien o Dios en ellas, y que todas las cosas, cuando son reconocidas por nosotros como partes de Dios, deben obrar para nuestro bien.

CAPÍTULO 1

VIAJAS CUANDO DUERMES

Tú viajas cuando tu cuerpo está en el estado llamado sueño. El verdadero "tú" no es tu cuerpo; es una organización invisible, tu espíritu. Tiene sentidos como los del cuerpo, pero muy superiores. Puede ver formas y oír voces a kilómetros de distancia del cuerpo. Tu espíritu no está en tu cuerpo. Nunca ha estado completamente en él; actúa sobre él y lo utiliza como instrumento. Es un poder que puede hacerse sentir a kilómetros de tu cuerpo.

La mitad de nuestra vida está en blanco para nosotros, es decir, la vida de nuestro espíritu cuando abandona el cuerpo por la noche. En ese momento va a países lejanos y ve a personas que nunca conocemos en carne y hueso.

El sueño es un proceso, realizado inconscientemente, de automesmerismo. Al igual que el mesmerizador quiere llevar a otro a la inconsciencia, tú también te llevas a ti mismo, o más bien a tu cuerpo, a un estado de insensibilidad.

Lo que el mesmerizador hace realmente es sacar el espíritu del cuerpo de la persona que hipnotiza. Lleva el pensamiento de su sujeto a algún foco o centro, como una moneda sostenida en la mano. Mientras está centrado, el pensamiento (o espíritu) del sujeto se pone en una condición tal que puede influirlo más fácilmente con su voluntad. Entonces quiere que el espíritu de la persona salga de su cuerpo. Hecho esto, lanza su propio pensamiento en ese cuerpo. En ese momento es como una casa que su propietario deja abierta. El hipnotizador se apodera entonces de ese cuerpo, por el poder de su propio pensamiento. No es el sujeto el que ve, siente y saborea como quiere el operador: es el espíritu o el pensamiento del propio hipnotizador, ejercido en un cuerpo distinto, dejado temporalmente vacante por su propio espíritu.

El pensamiento es una sustancia, tanto como el aire o cualquier otro elemento invisible del que nos da cuenta la química. Tiene muchos y diversos grados de fuerza.

Un pensamiento o mente fuerte es lo mismo que una voluntad fuerte. Algunas personas son tan débiles de pensamiento, en comparación con el hipnotizador practicante, que no pueden resistirse a él. Otras de pensamiento aún más fuerte pueden entregarse voluntariamente a su control. Nadie puede dominarte de esta manera, siempre y cuando te resistas mentalmente e invoques a la fuerza superior para que te ayude, si sientes que su pensamiento te supera.

Cuando "nos vamos a dormir", a causa de los trabajos del día, el espíritu se ha alejado ampliamente del cuerpo; con tan poca fuerza que le queda, el cuerpo cae en el estado de trance del sueño. Al igual que el hipnotizador aleja el espíritu del cuerpo de su sujeto, nuestro espíritu se aleja de nuestro cuerpo por sus múltiples esfuerzos durante el día.

Tu cuerpo no es tu verdadero yo. El poder que lo mueve como tú quieres es tu espíritu. Se trata de una organización invisible, muy distinta y apartada de tu cuerpo. Tu espíritu (tu verdadero yo) utiliza tu cuerpo como el carpintero utiliza su martillo o cualquier otra herramienta para trabajar.

Es el espíritu el que está cansado por la noche. Se ha agotado su fuerza y, por tanto, no puede utilizar el cuerpo con vigor. El cuerpo es entonces tan fuerte como siempre, como el martillo del carpintero tiene la misma fuerza cuando su brazo es demasiado débil para utilizarlo.

El espíritu es débil por la noche porque sus fuerzas han sido enviadas en el pensamiento en tantas direcciones diferentes durante el día, que no puede reunirlas. Cada pensamiento es una de estas fuerzas, y una parte de tu espíritu. Cada pensamiento, hablado o silencioso, es una cosa, una sustancia, tan real como el agua o el metal, aunque invisible. Cada pensamiento, aunque no se diga, es algo que se dirige a la persona, cosa o localidad en la que se deposita. De este modo, tu espíritu está siendo enviado durante el día en mil, quizás diez mil direcciones diferentes. Cuando piensas, trabajas. Cada pensamiento representa un gasto de fuerza. Enviando así la fuerza durante dieciséis o dieciocho horas, por la noche no queda suficiente en el cuerpo o cerca de él para utilizarla. Por tanto, el cuerpo cae en la condición de insensibilidad que llamamos sueño. Durante esta condición, el espíritu recoge sus fuerzas dispersas, sus pensamientos que han sido enviados a lo largo y ancho; regresa al cuerpo con sus poderes ya concentrados y vuelve a poseerlo con toda su fuerza. Cuando se dispersa, es como una multitud de riachuelos dispersos que se desplazan en muchas direcciones. Junta todo esto en un solo volumen, y tendrás el poder que hace girar la rueda del molino.

Si pudieras llamar a todo tu espíritu de una vez a su centro, y reunir así sus fuerzas dispersas, podrías estar fresco y fuerte en unos pocos minutos, mientras que ahora tardas horas en descansar. Este poder fue conocido por Napoleón, le mantenía durante días con muy poco tiempo de sueño, durante la cumbre de sus campañas, cuando sus energías eran exigidas al máximo. Es un poder que puede ser adquirido por todos mediante un cierto entrenamiento.

Esto se consigue, primero, poniendo el cuerpo en un estado de reposo lo más completo posible; deteniendo todos los movimientos físicos involuntarios, como el balanceo de las extremidades, el golpeteo con el pie o con los dedos. Todos estos movimientos involuntarios desperdician tu fuerza y, lo que es peor, te entrenan inconscientemente en un hábito difícil de romper, el de desperdiciar la fuerza. El trabajo involuntario de la mente, el desvío del pensamiento en todas las direcciones —hacia las personas, las cosas, los planes y los proyectos—, las preocupaciones inútiles, sobre asuntos grandes y pequeños, deben detenerse y durante unos minutos la mente debe quedar lo más en blanco posible.

Un medio muy útil para lograr esto es la concentración del pensamiento en la palabra "introspección" o "irse al interior", o en la imagen mental de tu espíritu con sus finos filamentos eléctricos alcanzando a personas, lugares y cosas lejanas a ti, siendo todos ellos atraídos de regreso y agrupados en un foco. Todo esto constituye una ayuda porque todo lo que imaginas en tu mente es una realidad espiritual. Es decir, lo que imaginas, realmente lo haces en espíritu y por espíritu. Todo plan o invención que se ve claramente en el pensamiento es de la sustancia del pensamiento, tan real como la madera, la piedra, el hierro u otra sustancia en la que después puede encarnarse y hacerse visible al ojo del cuerpo, hacer que produzca resultados en el estrato físico de la vida.

Si alguien piensa en asesinato, realmente envía un elemento de asesinato en el aire. Envía desde él un plan de asesinato tan real como si estuviera dibujado en un papel; su pensamiento es absorbido por los demás; así, este elemento y plan de asesinato invisible es absorbido por otras mentes: les inclina hacia la violencia, o incluso hacia el asesinato. Si una persona piensa siempre en la enfermedad, envía desde ella el elemento de la enfermedad; si piensa en la salud, la fuerza y la alegría, envía desde ella construcciones de pensamiento que influyen en la salud y la fuerza de los demás, así como en sí misma. Una persona envía desde su pensamiento aquello de lo que está más constituida (su espíritu). "Como un hombre piensa, así es él". Tu espíritu es un conjunto de pensamientos; lo que más piensas, eso es tu espíritu. Imagínate, entonces, a ti mismo como un ser así, atrayendo todos estos filamentos enviados y colocados en tantas cosas. Los pensamientos que salen de ti en un minuto difícilmente podrían escribirse con claridad en una hora. Si los reúnes en un centro, habrás reunido y concentrado toda tu fuerza motriz; entonces podrás poner toda su fuerza en lo que quieras. Cuando el ojo y la mente se concentran en un solo objeto que no exija las energías, por ejemplo, un punto en la pared, el pensamiento positivo o los filamentos que se extienden son atraídos hacia el centro común. Tu absorción en una sola cosa los suelta de su punto de contacto cercano o lejano. Antes de ese desprendimiento, el espíritu es como la mano y los dedos expandidos. Cuando el pensamiento es atraído hacia dentro, el espíritu es como el puño cerrado o apretado.

Cuando el pensamiento es enviado a cualquier cosa, envías tu fuerza. Cuando se centra en una sola cosa, y es atraído y se evita que se desvíe a cada momento, estás atrayendo fuerza.

El "adepto" hindú, mediante un cierto entrenamiento de la mente, es capaz de enviar su espíritu, o a sí mismo, desde su cuerpo. Sigue conectado con él por la fina corriente invisible de vida conocida en la Biblia como el "hilo de plata". Cuando ese hilo se rompe, el cuerpo y el espíritu se separan completamente, y el cuerpo muere. El "adepto" se ha dejado enterrar vivo. Se ha sembrado arroz sobre su tumba, y ha germinado. Se han puesto sellos en su ataúd y la tumba ha sido cuidadosamente vigilada. Ha permanecido así durante semanas, y cuando se le desenterrado "ha vuelto a la vida".

El ser real nunca fue enterrado en absoluto. Solo se enterró su cuerpo en estado de trance autoinducido. Entre su cuerpo y su espíritu, posiblemente a kilómetros de distancia, el fino hilo del espíritu mantenía la vida del cuerpo o, mejor dicho, el suministro de vida que el cuerpo necesitaba para evitar su descomposición. Cuando el cuerpo fue desenterrado, su espíritu regresó y tomó plena posesión de él. Pudo hacer con su propio cuerpo lo que el hipnotizador hace con el cuerpo de su sujeto. Envió su propio espíritu fuera de él; el hipnotizador envió fuera el espíritu de su sujeto. Antes de enviar así su espíritu, el adepto pone su mente en blanco. Antes de sacar el espíritu de su sujeto, el hipnotizador hace que el sujeto ponga su propia mente en blanco; en otras palabras, detiene las fuerzas de resistencia del pensamiento de la otra persona, dirigiendo todo su pensamiento hacia un centro.

Tu espíritu puede, y lo hace con frecuencia, salir de tu cuerpo a otros lugares durante el sueño. Entonces sigue conectado a él por este hilo de elemento extremadamente fino. Este hilo puede extenderse hasta una gran distancia. Es como un cable eléctrico que se expande o se contrae y que conecta tu espíritu con el instrumento que maneja, tu cuerpo.

Este poder que posee el espíritu para salir del cuerpo explica el fenómeno de que las personas sean vistas en dos lugares distantes al mismo tiempo. Es el espíritu el que es visto por algún ojo clarividente. Es el "doble", el "doppel ganger" del alemán, el "wraith" del escocés. El espíritu puede incluso estar lejos del cuerpo justo antes de que éste muera. Es solo el débil suministro de vida que se le envía a través del hilo conector lo que provoca la agonía in- voluntaria (así llamada) de la disolución. Estos no son tan dolorosos como parecen. El yo real, el espíritu, puede incluso no ser consciente de la "escena del lecho de muerte". Puede dirigirse hacia alguna persona, posiblemente a distancia, hacia la que se siente muy atraído; y así se resuelve el misterio de las apariciones vistas por amigos lejanos que no sabían de la muerte de la persona, en el momento de tales apariciones, y se enteraron tiempo después.

A veces las personas, durante los períodos de enfermedad, caen inconscientemente en un estado en el que el espíritu abandona el cuerpo, sin cortar los hilos de la vida. El trance del cuerpo ha sido confundido entonces con su muerte real, y éste (el cuerpo) ha sido enterrado vivo. El espíritu se ha visto obligado a volver a su cuerpo en el ataúd. El hilo solo podría cortarse después de ese retorno.

Tu ser real está enviando siempre, con cada pensamiento, un fino rayo o filamento eléctrico que representa gran parte de tu vida, de tu fuerza, de tu vitalidad, y que alcanza el objeto, el lugar o la persona a la que se envía dicho pensamiento, ya sea a dos metros o a miles de kilómetros de tu cuerpo.

Tu pensamiento es tu verdadera fuerza. Cuando levantas un peso, pones tu pensamiento en el músculo que lo levanta. Cuanto más pesado es, más de tu pensamiento pones en él. En el momento de levantarlo, si una parte de tu pensamiento se desvía en otra dirección, si alguien te habla, si algo te asusta o te molesta, una parte de tu fuerza o pensamiento te abandona. Se dirige a lo que ha quitado una parte de tu atención.

La mente, el pensamiento, el espíritu, son los que utilizan el músculo para levantar, como utilizamos una cuerda para levantar un peso. No hay levantamiento, ni trabajo sin inteligencia. La inteligencia, el pensamiento, la mente y el espíritu significan más o menos lo mismo.

Para dar fuerza, es irrelevante que el espíritu, una vez reunido, esté cerca del cuerpo o a distancia de él. De este modo, cuando reúne sus fuerzas (sus pensamientos), esté lejos del cuerpo o cerca de él, es fuerte; y cuando vuelve a tomar posesión de su cuerpo y lo despierta, es capaz de utilizar el cuerpo con toda su fuerza.

Sin embargo, el espíritu puede permanecer disperso toda la noche. Puede que no sea capaz de reunir sus fuerzas en ningún momento. Puede vivir, como muchos lo hacen ahora, con su pensamiento siempre por delante del acto que está haciendo o intentando hacer. Está caminando con el cuerpo y enviando su fuerza (su pensamiento) al lugar al que se dirige. Está escribiendo con el cuerpo y pensando en otra cosa. Cuando se preocupa, envía su fuerza hacia aquello que le preocupa. Estos estados mentales, los actos de pensamiento y el gasto inútil de fuerza, se convierten finalmente en un hábito tan firme, que el espíritu puede perder todo poder de reunir todas sus fuerzas. En este estado no reúne ninguna fuerza ni de noche ni de día.

El insomnio se debe a la dificultad del espíritu para centrarse y reunir sus fuerzas. La demencia proviene de la incapacidad total del espíritu para centrar sus pensamientos. La cura permanente del insomnio debe comenzar durante el día. Debes ejercitar tu mente para que ponga todo su pensamiento en el acto que estás haciendo ahora. Si te atas el zapato, piensa en el zapato y en nada más. Entonces te llevas a un centro y reúnes tus fuerzas. Si te atas el zapato y piensas en lo que vas a comprar la hora siguiente, estás enviando inútilmente la mitad de tus fuerzas de ti mismo. En realidad, estás intentando hacer dos cosas a la vez. No haces ninguna de las dos cosas bien. Estás dispersando tu espíritu en tantas cosas como se te ocurren mientras te atas el zapato. Estás cultivando el mal hábito de dispersar tu fuerza, hasta que dicho hábito se vuelve involuntario. Haces que a tu espíritu le resulte cada vez más difícil reunirse. De esta forma, haces más difícil que el espíritu vuelva con fuerza a su cuerpo por la mañana o que lo abandone por la noche. No puedes tener un sueño saludable por la noche a menos que tu espíritu se retire de su cuerpo. El insomnio significa simplemente que tu espíritu no puede abandonar su cuerpo.

Si caes en el peligroso hábito de la inquietud, tu espíritu puede inquietarse tanto al salir de su cuerpo por la noche como al utilizarlo durante el día. O bien, si tienes una disposición conflictiva, puede estar peleando, luchando y odiando toda la noche, y así volver a su cuerpo sin ninguna fuerza para utilizarlo; porque toda pelea, aunque solo sea en el pensamiento, consume constantemente la fuerza.

Por esta misma razón, es peligroso y poco saludable dejar que el "sol se ponga sobre tu ira", es decir, tener en la mente, justo antes de que los ojos del cuerpo se cierren en el sueño, el recuerdo de las personas que te desagradan y así dedicarte a enviarles pensamientos de odio. El espíritu mantendrá el proceso después de abandonar el cuerpo. Odiar es sencillamente gastar fuerza en despedazarte a ti mismo, a tu espíritu. El odio es una fuerza destructiva. La buena voluntad hacia todos es constructiva: te hace cada vez más fuerte. El odio te destroza. La buena voluntad hacia todos atrae hacia ti elementos sanos y constructivos de todos aquellos con los que entras en contacto. Si pudieras ver los elementos reales que fluyen de ellos hacia ti, cuando te aprecian, los verías como finos riachuelos de vida que alimentan la tuya. Si pudieras ver los elementos contrarios de odio que puedes provocar en los demás, los verías fluir hacia ti como rayos oscuros o riachuelos de sustancia peligrosa y venenosa. Si le envías su semejante, el pensamiento de odio, no haces más que aumentar la fuerza y el poder insano de ese elemento, porque estos dos elementos opuestos y peligrosos se encuentran y se mezclan, actúan y reaccionan sobre quienes los envían, llamando siempre a cada uno a enviar un nuevo suministro de fuerza para mantener la guerra, hasta que ambos se agotan. El interés propio debería impulsar a las personas a no odiar a nadie. Debilita el cuerpo y causa enfermedades. Nunca verás a un cínico, a un gruñón o a un cascarrabias sano. Su pensamiento agrio les envenena. Su enfermedad corporal se origina en su mente. Sus espíritus están enfermos. Eso hace que el cuerpo se enferme. Todas las enfermedades se originan de este modo. Sana el espíritu, cambia el estado de la mente, sustituye el deseo de hacer que los demás se sientan mal por el de hacer que se sientan bien, y estarás en el camino de la curación de la enfermedad. Cuando el espíritu no origina ningún pensamiento conflictivo, odioso, sombrío, abatido, ningún tipo de pensamiento desagradable, el cuerpo no tomará ninguna enfermedad.

Solo puedes oponerte con éxito al pensamiento de odio o de maldad de los demás enviando hacia ellos el pensamiento de buena voluntad. La buena voluntad, como elemento de pensamiento, es más poderosa que el pensamiento de odio. Puede desviarlo. Las "flechas de malicia", incluso en el pensamiento, son cosas reales. Pueden herir y enfermar a las personas sobre las que se dirigen, y de hecho lo hacen. El precepto de Cristo, "Amen a sus enemigos", se basa en una ley científica. Significa que los pensamientos son cosas, y que el pensamiento del bien siempre puede superar al del mal. Por poder se entiende aquí la fuerza, en un sentido tan literal como al hablar de la fuerza que levanta una mesa o una silla. El hecho de que todo pensamiento, toda emoción, todo lo que se llama sentimiento, o cualidades como la misericordia, la paciencia, el amor, etc., sean elementos tan reales como los que vemos, es la piedra angular de la base científica de la religión.

Lo que llamas sueños son realidades. Tu espíritu alejado de tu cuerpo por la noche se va, y ve personas y lugares. Es posible que nunca hayas ido a algunos de ellos con tu cuerpo. Al despertar el cuerpo, recuerdas muy poco de lo que has visto. Lo que recuerdas está mezclado con todo. Esto se debe a que tu memoria del cuerpo solo puede contener un poco de lo que capta la memoria de tu espíritu. Tienes dos memorias, una entrenada y adaptada a la vida de tu cuerpo, la otra de tu espíritu. Si hubieras conocido la vida y el poder de tu espíritu desde la infancia, y lo hubieras reconocido como una realidad, la memoria de tu espíritu estaría tan entrenada que recordaría toda su propia vida y te la traería de vuelta al despertar del cuerpo. Pero como te han enseñado a considerar incluso a tu espíritu como un mito, haces de su memoria un mito. Si a un ser humano se le enseñara desde la infancia a desacreditar la evidencia de cualquiera de sus sentidos, entonces ese sentido quedaría debilitado y casi destruido. Si todos los que se relacionan con un niño durante años se pusieran deliberadamente a trabajar y le dijeran que no podían ver el cielo o las casas, los campos u otros objetos familiares a su alcance; y si no se permitiera que nadie rompiera el engaño, la visión de ese niño, así como su juicio, se verían seriamente afectados. Del mismo modo, se nos enseña a negar todos los sentidos y poderes de nuestros espíritus; o, mejor dicho, se niegan persistentemente los poderes reales de nosotros mismos, de los que los sentidos del cuerpo son una débil contrapartida. Sustancialmente se nos enseña que no somos más que cuerpos. Esto equivale a decirle al carpintero que no es más que el martillo que utiliza.

Si en un supuesto sueño ves a una persona que murió hace años, ves simplemente a una persona cuyo cuerpo, al

15

estar desgastado, ya no podía ser utilizado por ella en este estrato de la vida.

DÓNDE VIAJAS CUANDO DUERMES

Hay sentidos que pertenecen a tu cuerpo, y otros que pertenecen a tu espíritu. Tu espíritu es una organización distinta del cuerpo. Tiene ojos y oídos, tacto, gusto y olfato. Sus ojos pueden ver diez mil veces más lejos que el ojo del cuerpo. Sus otros sentidos son infinitamente superiores. Ahora utilizas un conjunto de sentidos muy inferior. Los ojos de tu cuerpo, comparados con los ojos de tu espíritu, son una simple mirilla. Los sentidos del cuerpo son relativamente toscos en comparación con los del espíritu. Son para utilizarlos en un estrato relativamente más tosco de la vida. Estás mejor en una mina de carbón con un tosco traje de minero que con uno de seda o terciopelo. Tu cuerpo, con sus sentidos más toscos, es para utilizarlo en este nivel de vida más tosco. Sin embargo, puede ser una posibilidad para ti despojarte de este traje (el cuerpo), e ir con tu espíritu (dejando por un tiempo el tosco traje) a un orden de vida más elevado y más fino.

Ahora tienes un ojo clarividente y un oído clariaudiente. Pero éstos no están abiertos. El ojo clarividente está cerrado como los de algunos animales en la primera infancia. En algunas personas se abre prematuramente y antes que los demás sentidos espirituales. Se trata de una maduración prematura.

El ojo clarividente es el ojo espiritual. Es un ojo puesto al final de un pensamiento. Envía tu pensamiento a Londres y, si eres clarividente, envías ese ojo con él.

Un oído clariaudiente es un oído enviado con un pensamiento. La clarividencia y la clariaudiencia no son dones especiales para personas concretas. Pertenecen a todos y están en estado de germen en todos.

Tus sentidos espirituales han quedado tan paralizados desde el nacimiento, por falta de ejercicio, que no están en "condiciones operativas". Cuando dejas tu cuerpo por la noche, estás como una persona en estado de aturdimiento o de desconcierto. Ves sin ver. Oyes sin entender. Eres como una persona aturdida por un choque o golpe repentino. Entonces el ojo espiritual puede ver, pero no deja ningún recuerdo claro de lo que ve. En ese estado puedes recordar una multitud de rostros a tu alrededor, pero eso es todo. En una condición parecida a ésta, tu espíritu vaga al desprenderse de su cuerpo. Eres como un niño que acaba de salir a la calle. Vas donde te lleva un vago impulso o capricho. Has dejado los sentidos físicos de la vista, el oído y el tacto, en el cuerpo. Ahora solo tienes un conjunto de sentidos totalmente ineducados para guiarte. Te han enseñado durante toda tu vida a negar la existencia misma de estos sentidos. Enseñar a un niño a no creer, por ejemplo, en su oído o en su vista, desde su más temprana conciencia, tendrá como resultado una lesión en su vista. El niño aprende gradualmente a utilizar de manera correcta los sentidos de su cuerpo. Un bebé no tiene idea de la distancia. Intenta alcanzar las cosas que están lejos de él, imaginando que están lo suficientemente cerca como para ser tocadas. Si se le deja solo, caerá por un precipicio. Mediante una dolorosa experiencia, aprende a no tocar las brasas o el hierro caliente. Se necesitan años para educarlo en el uso adecuado de los sentidos físicos.

Tu espíritu tiene sus propios sentidos, los cuales ni siquiera son reconocidos. Se dejan año tras año sin ningún ejercicio ni entrenamiento. En lo que llamas sueños, tú no ves en absoluto con el ojo físico, ni oyes con el oído físico. Ves con el ojo espiritual; oyes con el oído espiritual.

Literalmente te pierdes al irte a dormir, cuando entras en tu vida espiritual. Entonces vas a tientas como un niño con sus sentidos físicos no entrenados. La idea que tienes de los sentidos la consideras completamente por los de tu cuerpo que has dejado atrás. Por tanto, llevas tu verdadero yo bajo la impresión de que sigues viviendo en la máscara que utilizas durante el día (tu cuerpo), y estimando y juzgando todo lo que ves o percibes por un conjunto de sentidos inferiores (el físico), que no estás utilizando en absoluto.

Cuando sales del cuerpo, te encuentras realmente en una vida espiritual; sin embargo, estás muerto a este hecho, porque utilizas los sentidos espirituales como utilizas los físicos durante el día. Eres como alguien que usa una muleta, cuando tienes dos piernas sanas que solo necesitan práctica para hacerte un buen caminante. Muchas personas que están completamente separadas de su cuerpo se encuentran precisamente en la misma condición. Es posible que vayas entre estas personas cuando te alejas del cuerpo. Puede que te sientas atraído por ellas, porque tu espíritu, en su estado no educado, ha tenido durante mucho tiempo el hábito de andar a ciegas entre ellas. Tu espíritu ha caído en este hábito, al igual que cuando utiliza el cuerpo cae en los surcos de la costumbre, que a menudo son extremadamente difíciles de romper. Cada día ves a las personas ir a la deriva, sin objetivo ni propósito, esperando que "aparezca" algo que las sorprenda. Una persona sin objetivo ni propósito en la vida pronto se vuelve inferior en intelecto. Tu ser espiritual está en la misma condición, por una causa similar. A menudo está rodeado de otros fuera del cuerpo sin objetivo ni propósito, y que no saben qué hacer con ellos mismos.

La ficción nunca ha concebido el cuadro que literalmente se realiza cada noche a tu alrededor. Estos miles y miles de seres ciegos, liberados temporalmente de sus cuerpos, vagan, deambulan, andan a tientas por todas partes en tu casa, en tus calles, en tus campos, algunos cerca, otros lejos. No están ni dormidos ni despiertos. Vagan como en un sueño que no es tal. A veces el ojo espiritual se abre y ven a un conocido o a un extraño, una escena familiar o desconocida. Pero el reconocimiento no siempre es satisfactorio. Se te ha enseñado inconscientemente a no creer en la realidad de lo que ves en este estado. Por lo tanto, no lo aceptas como una realidad y lo que la mente, en cualquier estado, se niega persistentemente a aceptar como una realidad, no se enmarcará en la memoria como tal.

Es un hecho que algunas personas, al morir el cuerpo, siguen pensando que tienen sus cuerpos físicos. Pueden permanecer en este estado durante años. Van de un lado a otro, comen, duermen y viven en todos los sentidos en ese grado de existencia que, aunque no lo veamos, está a nuestro alrededor. Porque todo lo que vemos, oímos, tocamos, manipulamos, olemos o saboreamos tiene su correspondiente o contraparte espiritual, y puede ser utilizado exactamente como lo es aquí. No hay transiciones repentinas de ningún tipo en la naturaleza. Cuando las personas abandonan el cuerpo físico, no entran en ninguna condición de existencia glorificada, a menos que en su mente estén viviendo esa existencia en la tierra. Ellos van donde todo está en estricta correspondencia con su pensamiento diario. A su llegada, los amigos del mundo invisible pueden recibirlos como invitados en sus casas. Pero solo son invitados, y no pueden permanecer en esos círculos a menos que en espíritu pertenezcan a ellos. Si su pensamiento es inferior, después de un tiempo deben volver al orden o estrato de pensamiento en el que vivían al dejar el cuerpo. No pueden empezar a construir encima de eso. Tú mismo debes construir tu "mansión en los cielos". Puedes comenzar a construirla conscientemente aquí, en el cuerpo, con mayor ventaja que comenzarla después de perder el cuerpo. El hecho de que debas construirla tú mismo es la ley de la naturaleza. No es porque ninguna individualidad, por muy sabia y poderosa que sea en cualquiera de las etapas avanzadas de la existencia, diga que debes hacerlo. Todos ellos, hasta las órdenes de la mente más allá de nuestro poder de comprensión, han sido y son ahora los constructores de sus templos (ellos mismos). Lo que más desean de nosotros es que construyamos el nuestro de la misma manera y con los mismos resultados gloriosos. Porque esa construcción no es más que la construcción de nuestra propia felicidad individual en proporciones más grandiosas, más amplias y siempre crecientes.

Tu primer error al salir del cuerpo en el estado conocido como sueño consiste en pensar que te mueves sobre tu cuerpo físico. Debes educarte para salir de ese error. Antes de dormirte, debes fijar en tu mente que, si te despiertas en lo que llamas un sueño, no estás utilizando tu cuerpo físico. Fijarás en tu mente antes de irte a dormir, en la medida en que puedas, tu concepción de ti mismo como espíritu o, mejor dicho, como la organización invisible que durante el día utiliza tu cuerpo.

El último pensamiento antes de dormir es el que más probablemente permanecerá contigo al dejar el cuerpo. Si persistes en él, lo encontrarás mezclado con lo que llamas tus sueños. Es decir, será la primera pista hacia el reconocimiento de tu verdadero yo cuando estés lejos de tu cuerpo.

Mantén en tu mente este hecho, este reconocimiento de ti mismo como espíritu, y será una gran ayuda para que tus amigos invisibles de la otra vida se acerquen a ti y te despierten al conocimiento de tu verdadero ser.

El orden de espíritus más sabio y poderoso, que pueden ser capaces de darte mucho de su pensamiento durante el día o mientras utilizas el cuerpo, no pueden darte tanto durante tu salida del cuerpo, debido a la condición antes mencionada. Por lo tanto, en lugar de ir a una región más elevada del pensamiento durante la noche, desciendes a una más baja, a causa de la ceguera y la simple fuerza de la costumbre. Mientras utilizas el cuerpo, puedes ser educado hasta entrar en su reino superior de pensamiento durante el día. Sin embargo, al ser educado en parte en la escuela del sentido físico, durante la noche no puedes llevar esa educación contigo. Caminas con ojos y oídos espirituales, pensando que estos son ojos y oídos físicos. Todo esto da lugar a una confusión que ningún lenguaje puede expresar plenamente, porque ninguna condición similar en esta vida puede ser claramente realizada o ilustrada.

Quieres dar a tus poderosos amigos invisibles una pista que les permita acercarse a ti al salir del cuerpo y ayudarte a despertar, a encontrar tu verdadero ser, y a ir al lugar al que perteneces. El pensamiento de ti mismo como un espíritu, como un ser distinto y separado de tu cuerpo, servirá como esta pista. Un pensamiento es algo tan real como un cable de telégrafo. Será el hilo telegráfico entre tú y ellos, porque no se quedarán permanentemente contigo en tus andanzas por el estrato más crudo de la vida. Podrían hacerlo si lo desearan, pero quieren llevarte a sus moradas, a su país, a su reino, donde todo es más bello y mágico de lo que la pluma o la imagen han plasmado aquí; donde, al menos en parte, puedes pertenecer ahora. Traer este recuerdo al tiempo diurno, mientras tu espíritu utiliza el cuerpo, sería traer la vida celestial a la tierra. Sería como una motivación en la dirección correcta para dejar los placeres más burdos con el fin de realizar y vivir en los más elevados. Porque toda abnegación no tiene realmente más que este propósito: el de desprenderse del placer fugaz que deja un dolor duradero, para obtener un placer mucho mayor que no deja ningún dolor.

Si al irte a dormir fijas persistentemente en tu mente esta idea, de que ya no utilizas los sentidos del cuerpo, al cabo de un tiempo, te encontrarás recordando este hecho en lo que llamas el sueño. Te encontrarás diciendo: "Esto es tan real como mi cuerpo o mi vida diaria. Solo estoy en un estado de existencia diferente".

A menudo, la vida actual del espíritu, alejada del cuerpo por la noche, es una vida que agota más que refresca. Inconscientemente, puedes derivar hacia personas y escenas que te resultan repulsivas. Eres arrastrado hacia ellas por las corrientes inferiores del pensamiento. Te dejas llevar por estas corrientes como un niño ignorante que se adentra en la corriente y es arrastrado en su profundidad y lejos de su punto de apoyo por una corriente exterior y más fuerte. Al no saber nada del hecho de que el pensamiento se mueve en corrientes, y que la corriente inferior del pensamiento inferior o maligno es más poderosa cerca de la tierra, y al no saber nada de tus poderes y sentidos como espíritu, estás tan indefenso como un bebé en la noche al salir de tu cuerpo.

Si pudieras empezar en la dirección correcta hacia las regiones superiores y elevadas del pensamiento, si pudieras ascender atravesando la corriente del pensamiento oscuro y burdo que te rodea por todas partes, te encontrarías en una tierra de belleza, sol y flores, de grandiosos escenarios y paisajes de fantasía. Te asociarías allí con las personas que más deseas ver y a las que perteneces en espíritu. Descansarías en una lujosa ligereza, y aun así serías capaz de notar escenas de indescriptible encanto para la vista. Serías consciente de la vida, sin dejar de estar en reposo. Beberías la vida con cada respiración. Volverías con esta vida a tu cuerpo por la mañana. Tu noche de dicha sería a la vez un descanso en el pensamiento y un estímulo saludable para tu vida en el cuerpo. Tus sentidos espirituales se abrirían en esta elevada atmósfera de pensamiento. Te liberarías de lo que ahora es una esclavitud nocturna. Tu conexión con las regiones superiores del pensamiento se volvería permanente, y podrías alcanzar el poder de volver a ellas en cualquier momento para refrescarte cuando te sobrepase el pensamiento más crudo que ahora te rodea.

Todos los lugares de baja recreación, todas las tabernas llenas de personas que, en mayor o menor medida, están bajo la influencia de estimulantes, todo y cualquier lugar, sea cual sea su carácter convencional, si son lugares de fraude, de engaño en el comercio, son una fuente real de pensamiento bajo. Este pensamiento fluye de ahí, tan real, aunque invisible, como el agua de un manantial. En cualquier gran ciudad, todos ellos son como otros tantos miles de manantiales de pensamiento bajo, cercanos entre sí. No es una corriente viva y rápida. Es más bien como un pozo sucio que se mueve lentamente, en el que quedas empantanado y eres arrastrado lentamente. Todos los grupos de personas habladoras, chismosas y escandalosas son un manantial adicional de ese pensamiento. También lo es toda familia en la que reinan el desorden, las miradas agrias, las palabras cruzadas y el malhumor o la petulancia. La alta sociedad, así como la llamada inferior en la escala social, puede contribuir a esta corriente de pensamiento inferior. El espíritu más puro no puede vivir en esta corriente de pensamiento sin verse afectado desfavorablemente por ella. Se requiere un esfuerzo continuo para resistirla. Te mezclas y te enredas en ella, cegado por su oscuridad, agobiado por la carga que conlleva. Habrás notado que te liberas del deseo irreflexivo al encontrarte en el campo abierto, más allá de los límites de la ciudad. Las montañas están más libres de este pensamiento. Es un elemento que se ajusta a la ley de la gravitación. El pensamiento bajo corre hacia los lugares más bajos, al igual que cualquier cosa pesada, burda y tosca. Desgraciadamente, el comercio y la manufactura exigen que las ciudades se construyan en niveles bajos, ya sea a la orilla del mar o del río. En las civilizaciones superiores venideras, el principal objetivo será la formación de hombres y mujeres más perfectos, y el descubrimiento y la obtención de placeres reales y permanentes. Entonces, las ciudades se construirán sobre colinas o montañas, de modo que todas las emanaciones más crudas, visibles o invisibles, se drenarán fácilmente. Con tanta cantidad de este nocivo elemento invisible a tu alrededor, puedes ver una necesidad adicional de formar grupos de personas que sean naturalmente más puras y de mayor aspiración, quienes se reúnan frecuentemente y mediante la conversación y la comunión silenciosa generen una corriente de pensamiento más puro. Cuanto más lo hagan a través de dicha cooperación, más poder se le da a cada individuo del grupo para evitar que, tanto si está en el cuerpo de día como si está fuera de él por la noche, se vea afectado desfavorablemente, y quizás abrumado, por estas mareas destructivas predominantes. Entonces estás formando una cadena de conexión con la región más elevada, más pura y más poderosa del pensamiento. Cuanto más te esfuerces en formar esa conexión, más fuerte será la cadena. No te das cuenta de la fuerza de estos "poderes de la oscuridad" que te rodean, ni de las probabilidades que tienes de intentar frenar esta marea oscura tú solo.

El pensamiento aportado y creado por unas pocas personas, que se reúnen de este modo, y que están tan conscientes de sus beneficios que disfrutan reuniéndose, tiene un valor que no puedes sobreestimar. Es el pensamiento más poderoso. En parte es el pensamiento y, mediante el pensamiento, la fuerza de los espíritus sabios, poderosos y bondadosos que son atraídos a tu grupo y que vienen con todo el deseo de ayudarte. Despejará tu mente, fortalecerá tu cuerpo, expulsará las enfermedades y te dará nuevas ideas y planes para todo tipo de negocios legítimos. Ahora no te das cuenta hasta qué punto te mantienes alejado del éxito y en un nivel de vida inferior por haber absorbido inconscientemente la baja corriente de pensamiento que te rodea y haber sido cegado o confundido por ella. Aceptas condiciones de la vida como una necesidad, pero si tu intelecto fuera más agudo y perspicaz, podrías evitarlas. Puedes absorber la timidez de los demás. Puedes absorber la inercia y la falta de energía. Tus periodos de falta de confianza e indecisión pueden ser el resultado de la absorción de este elemento inferior. Puede que no sepas lo ciego que estás, y lo diferente que podrías ser si vieras más claramente lo que podría perjudicarte y lo que podría beneficiarte. La generación del pensamiento más poderoso, mediante la reunión en un conjunto de motivos puros, la indagación de la verdad y el deseo de beneficiar a los demás, así como a uno mismo, despejaría tu intelecto, aumentaría tu energía, te alejaría de los errores y los tropiezos, mejoraría tu salud y te convertiría en una fuerza que te traería todo el bien material. Es el camino "buscar primero el reino de Dios", y "todas estas cosas te serán añadidas". Se añaden porque la fuerza que creas en ti mismo, a través de estas reuniones como una familia y una fraternidad, será como un fuerte imán real que atraerá todas las cosas que tu sabiduría dice que te beneficiarán.

El "Nuevo Mundo" redescubierto por Colón es un asunto pequeño comparado con el que está a nuestras puertas y en el que entramos inconscientemente cada noche. Miramos con el ojo del cuerpo a través de nuestras habitaciones, nuestras calles, nuestros campos, diciendo que no hay nada entre nosotros y las paredes, la casa, el bosque o la montaña, sino "aire vacío"; cuando ese espacio puede estar abarrotado con estructuras, con personas, con las copias invisibles de todo lo que vemos a nuestro alrededor.

Las visiones producidas por el uso del opio y el hachís son realidades. Permiten que el espíritu salga más completamente del cuerpo. El espíritu recibe una fuerza artificial a través de los elementos extraídos de la adormidera o del cáñamo. Con esta ayuda, puede viajar más lejos, y se ve estimulado a salir de sus surcos habituales cuando el cuerpo duerme. Llega a regiones más elevadas y sublimadas, y ve en ellas glorias nunca realizadas en la tierra. Pero, de este modo, el espíritu es forzado a entrar en elementos demasiado finos para que pueda retenerlos y llevarlos de vuelta al cuerpo. No puede retenerlos, por lo que vuelve al cuerpo sin fuerzas.

De ahí la reacción y la miseria del consumidor o fumador de opio, cuando el efecto de la droga desaparece. Te encontrarías rápidamente en una condición similar, si los espíritus superiores te llevaran (como podrían) a su propio territorio, antes de que hubieras crecido espiritualmente para ello. Los elementos que absorberías allí serían demasiado finos para utilizarlos en este estrato de la vida. Sin embargo, la aspiración continua puede hacer que tu espíritu sea apto para recibir de estos elementos y apropiarte de ellos a tu regreso a la tierra. Toda tu organización sería entonces más fina que ahora.

Serías un habitante de los dos mundos, el físico que te rodea, y ese grado o estrato espiritual al que naturalmente perteneces. Esta será la vida del futuro en este planeta. Es la "Nueva Jerusalén" bajada del cielo.

Más hombres y mujeres en la historia del mundo han despertado a esta vida y han vivido en ella mientras usaban sus cuerpos, de lo que generalmente se conoce. Pablo habla de ser "arrebatado al paraíso, y escuchar allí cosas inefables". Swedenborg estuvo en estrecha relación con este mundo. Ha habido muchos otros a lo largo de los tiempos; pero fueron lo suficientemente discretos como para guardar su conocimiento para sí mismos, sabiendo que su historia no sería acreditada en su tiempo, y que contarla traería sobre sí resultados desagradables.

El tiempo de tal secretismo ha terminado. En la tierra hay ahora más mentes despiertas y capaces, al menos, de considerar estas verdades. Estos son espíritus reencarnados que han entrado a otra vida terrenal, con un conocimiento parcial de estas verdades, y que las reconocerán tan pronto como sean expuestas con audacia.

La época en que la materialidad aplasta las verdades espirituales ha pasado. La época en la que la verdad espiritual se impondrá y gobernará a la materialidad, en realidad, ha comenzado. No importa lo pequeño que sea el núcleo aparente o el grupo de personas conscientes de estas verdades. Un pequeño agujero puede revelar un vasto paisaje. El punto de contacto donde la cuerda se sujeta al barco para sacarlo del bajío no tiene más que unos pocos centímetros de ancho, pero es todo lo que se necesita para que la fuerza actúe sobre el barco; y así, los

pocos que ahora pueden recibir estas cosas serán el poder
para elevar a los muchos.

CAPÍTULO 3

EL ARTE DE OLVIDAR

En la química del futuro, el pensamiento será reconocido como sustancia tanto como los ácidos, los óxidos y todas las demás sustancias químicas de hoy.

No existe ningún abismo entre lo que llamamos material y espiritual. Ambos son sustancia o elemento. Se mezclan imperceptiblemente el uno con el otro. En realidad, lo material es solo una forma visible de los elementos más finos que llamamos espirituales.

Nuestro pensamiento invisible y tácito siempre está fluyendo desde nosotros como un elemento y una fuerza, tan real como la corriente de agua que podemos ver, o la corriente de electricidad que no podemos ver. Se combina con el pensamiento de otros, y de tales combinaciones se forman nuevas cualidades de pensamiento, como en la combinación de productos químicos se forman nuevas sustancias.

Si envías en el pensamiento los elementos de preocupación, molestia, odio o pena, estás poniendo en acción fuerzas perjudiciales para tu cuerpo y tu mente. El poder de olvidar implica el poder de alejar el pensamiento o elemento desagradable y perjudicial, y poner en su lugar un elemento beneficioso, para construir en lugar de derribarnos.

El carácter del pensamiento que tenemos o que emitimos afectará nuestro negocio de manera favorable o desfavorable, influirá en otros a favor o en contra de nosotros. Es un elemento que los demás perciben de forma agradable o desagradable, que les inspira confianza o desconfianza.

El estado de ánimo predominante, o el carácter del pensamiento, da forma al cuerpo y a los rasgos, nos hace agradables o desagradables, atractivos o repulsivos para los demás. Nuestro pensamiento da forma a nuestros gestos, a nuestros modos, a nuestra forma de caminar. Hasta el menor movimiento de un músculo tiene un estado de ánimo, un pensamiento, detrás de él. Una mente siempre con determinación tiene un paso determinado, una mente siempre débil, cambiante, vacilante e incierta, tiene un paso arrastrado, vacilante e incierto. El espíritu de determinación refuerza cada músculo. Es el elemento de pensamiento de la determinación el que llena cada músculo.

Observa a los hombres o mujeres descontentos, sombríos, melancólicos y malhumorados y verás en sus rostros pruebas de la acción de esa fuerza silenciosa de su pensamiento desagradable, cortando, tallando y dando forma a su expresión actual. Tales personas nunca gozan de buena salud, porque esa fuerza actúa en ellas como un veneno, y crea alguna forma de enfermedad. Un pensamiento persistente de determinación en un propósito, especialmente si tal propósito es de beneficio para otros, así como para nosotros mismos, llenará cada nervio con fuerza. Es un egoísmo sabio que trabaja para beneficiar a otros junto con nosotros mismos. Porque en espíritu, y en elemento real, todos estamos unidos. Somos fuerzas que actúan y reaccionan entre sí, para bien o para mal, a través de lo que ignorantemente llamamos "espacio vacío". Hay nervios invisibles que se extienden de persona a persona, de ser a ser. En este sentido, toda forma de vida está conectada entre sí. Todos somos "miembros de un solo cuerpo". Un pensamiento o acto malvado es una pulsación de dolor que estremece a miríadas de organizaciones. El pensamiento y el acto bondadosos tienen el mismo efecto para el placer. Entonces, es una ley de la naturaleza y de la ciencia, que no podemos hacer un bien real para otro sin hacer uno también para nosotros mismos.

Lamentarse por cualquier pérdida, ya sea de un amigo o de una propiedad, debilita la mente y el cuerpo. No es una ayuda para el amigo por el que lamentamos, al contrario, es más bien un daño, porque nuestro pensamiento triste debe llegar a la persona, aunque haya pasado a otro estado de existencia, y es una fuente de dolor para esa persona.

Una hora de queja, de inquietud o de miedo, ya sea hablada o silenciosa, consume mucho elemento o fuerza para hacernos menos tolerables a los demás, y tal vez para crearnos enemigos. Directa o indirectamente, perjudica nuestro negocio. Las miradas y las palabras agrias alejan a los buenos clientes. Rezongar u odiar es un uso del elemento real para desvirtuar nuestras mentes. La fuerza que podemos gastar de este modo podría utilizarse para nuestro placer y beneficio, del mismo modo que la fuerza que podríamos utilizar con un bate para golpear nuestro propio cuerpo puede emplearse para darnos comodidad y recreación.

Entonces, ser capaz de desechar (o de olvidar) un pensamiento o una fuerza que nos perjudica, es un medio muy importante para ganar la fuerza del cuerpo y la claridad de la mente. La fuerza del cuerpo y la claridad mental traen el éxito en todas las empresas. Asimismo, aporta la fuerza de espíritu; y las fuerzas de nuestro espíritu actúan sobre otros, cuyos cuerpos se encuentran a miles de kilómetros de distancia, para nuestra ventaja o desventaja. Porque hay una fuerza que nos pertenece a todos, separada y aparte de la del cuerpo. Está siempre en acción y actúa sobre los demás. Debe estar en acción en todo momento, ya sea que el cuerpo esté dormido o despierto. Si se utiliza de forma ignorante, inconsciente y, por tanto, imprudente, nos hunde en el fango de la miseria y el error. Utilizada inteligente y sabiamente, nos traerá todo el bien concebible.

Esa fuerza es nuestro pensamiento. Cada uno de nuestros pensamientos es de vital importancia para la salud y el éxito real. Todo el llamado éxito, tal como lo denomina el mundo, no es real. Una fortuna ganada a costa de la salud no es un éxito real.

Cada mente se entrena a sí misma, generalmente de forma inconsciente, con su carácter o cualidad peculiar de pensamiento. Cualquiera que sea ese entrenamiento, no puede ser cambiado inmediatamente. Es posible que hayamos entrenado nuestra mente inconscientemente para albergar pensamientos negativos o problemáticos. Es posible que nunca nos hayamos dado cuenta de que, al pensar en una desilusión, al vivir en una pena, al temer una pérdida, al preocuparnos por el temor de que esto o aquello no tenga el éxito que deseamos, hemos acumulado una fuerza destructiva que ha desgastado nuestras fuerzas, ha creado enfermedades, nos ha incapacitado para los negocios y nos ha hecho perder dinero y posiblemente amigos.

Aprender a olvidar es tan necesario y útil como aprender a recordar. Todos los días pensamos en muchas cosas en las que sería más provechoso no pensar. Ser capaz de olvidar es ser capaz de alejar la fuerza invisible (el pensamiento) que nos perjudica, y cambiarla por una fuerza (u orden de pensamiento) que nos beneficie.

Pide imperiosa y persistentemente cualquier cualidad de carácter de la que puedas carecer, y atraerás el aumento de dicha cualidad. Pide más paciencia, o decisión, o juicio, o valor, o esperanza, o exactitud, y aumentarás esas cualidades. Estas cualidades son elementos reales. Pertenecen a la química más sutil y aún no reconocida de la naturaleza.

El individuo desanimado, desesperado y quejumbroso, inconscientemente ha pedido el desánimo y la desesperanza, entonces, lo consigue. Este es su entrenamiento mental inconsciente para el mal. La mente es "magnética", porque atrae hacia sí cualquier pensamiento en el que se fije o al que se abra. Si te permites temer, temerás cada vez más. Deja de resistir la tendencia al miedo, no te esfuerces en olvidar el miedo, y estarás abriendo la puerta e invitando al miedo a entrar; en ese caso, pides el miedo. Coloca tu mente en el pensamiento de la valentía, visualízate en la mente o en la imaginación como valiente, y te volverás más valiente. Pide coraje.

No hay límite en la naturaleza invisible para el suministro de estas cualidades espirituales. En las palabras "Pidan y recibirán", el Cristo dio a entender que cualquier mente puede, mediante la demanda, atraer hacia sí todo lo que necesita de cualquier cualidad. Pide sabiamente y atraerás lo mejor hacia ti.

Cada segundo de demanda sabia trae un aumento de poder. Tal aumento nunca se pierde para nosotros. Se trata de un esfuerzo de ganancia duradera que podemos utilizar en cualquier momento. Lo que todos queremos es más poder para obtener resultados y construir nuestra fortuna, poder para hacer las cosas más cómodas para nosotros y nuestros amigos. No podemos alimentar a otros si no tenemos el poder para evitar que el hambre nos afecte a nosotros mismos. El poder para hacer esto es una cosa diferente del poder para mantener en la memoria las opiniones de otras personas, o una colección de los llamados hechos recogidos de los libros, que el tiempo a menudo demuestra que son ficciones. Todo éxito en cualquier grado de la vida se ha logrado a través del poder espiritual, a través de la fuerza invisible que fluye de una mente y que actúa sobre otras mentes lejanas y cercanas, tan real como la fuerza de tu brazo levanta una piedra.

Un individuo puede ser analfabeto y, sin embargo, enviar desde su mente una fuerza que afecta e influye en muchos otros, lejanos y cercanos, de manera que beneficia su fortuna, mientras que el instruido se afana con su cerebro sobre una miseria. Por lo tanto, el poder espiritual del analfabeto es mayor. El intelecto no es una bolsa para guardar hechos. El intelecto es el poder para obtener resultados. Escribir libros no es más que un fragmento del trabajo del intelecto. Los más grandes filósofos primero han planeado y después han actuado, al igual que Colón, Napoleón, Fulton, Morse, Edison y otros, que han movido al mundo, además de decirle al mundo cómo debe moverse.

Tu plan, propósito o diseño, ya sea relativo a un negocio o a un invento, es una verdadera construcción del elemento-pensamiento invisible. Tal estructura de pensamiento es también un imán. Comienza a atraer fuerzas de ayuda tan pronto como se hace. Persiste en mantener tu plan o propósito, y estas fuerzas se acercarán cada vez más, se harán cada vez más fuertes, y traerán resultados cada vez más favorables.

Si abandonas tu propósito, detienes el acercamiento de estas fuerzas y destruyes también la cantidad de poder de atracción invisible que has acumulado. El éxito en cualquier negocio depende de la aplicación de esta ley. La determinación persistente en cualquier propósito es una verdadera fuerza o elemento de atracción, que atrae constantemente más y más ayudas para llevar a cabo esa resolución.

Cuando tu cuerpo está en el estado llamado sueño, estas fuerzas (tus pensamientos) siguen activas. Entonces están trabajando en otras mentes. Si tu último pensamiento antes de dormir es de preocupación, o de ansiedad, o de odio hacia alguien, solo te producirá malos resultados. Si es esperanzador, alegre, confiado y en paz con todos los demás, entonces es la fuerza más potente y trabajará para ti con buenos resultados. Si el sol se pone en tu ira, tu pensamiento iracundo actuará sobre los demás mientras tú duermes, y solo te traerá perjuicios a cambio.

Entonces, ¿no es una necesidad cultivar el poder de olvidar lo que queramos, de modo que, mientras nuestro cuerpo descansa, nuestra corriente de pensamiento que atrae el mal sea cambiada por la corriente de pensamiento que atrae el bien?

Hoy en día, miles y miles de personas no piensan en controlar el carácter de su pensamiento. Dejan que sus mentes vayan a la deriva. Nunca dicen de un pensamiento que les perturba: "No lo pensaré". Inconscientemente, entonces, piden lo que los enferma, y sus cuerpos se enferman debido al tipo de pensamiento que permiten que sus mentes se fijen.

Cuando te das cuenta del daño que te hace cualquier tipo de pensamiento problemático, entonces comenzarás a adquirir el poder de deshacerte de tal pensamiento. Cuando en la mente comienzas a resistir cualquier tipo de pensamiento perjudicial, estás ganando constantemente más y más poder de resistencia. Cristo dijo: "Resistan al diablo, y éste huirá de ustedes". No hay más demonios que las fuerzas mal utilizadas de la mente, pero éstas son las más poderosas para afligirnos y torturarnos. Un estado de ánimo desagradable o melancólico es un demonio. Puede hacernos enfermar, perder amigos y perder dinero. El dinero significa el disfrute de necesidades y comodidades, sin él no podemos hacer ni ser lo mejor posible. El pecado involucrado en el "amor al dinero" es amar el dinero más que las cosas necesarias que el dinero puede traer.

Para lograr el mayor éxito en cualquier negocio, para hacer el mayor avance en cualquier arte, para promover cualquier causa, es absolutamente necesario que a ciertos intervalos diarios nos olvidemos de ese negocio, arte o causa. Al hacerlo, descansamos nuestras mentes, y reunimos nuevas fuerzas para un renovado esfuerzo.

Estar siempre dando vueltas al mismo plan, estudio o especulación, o a lo que haremos o no haremos, es desperdiciar tal fuerza en una "trotadora" cerebral. En pensamiento estamos diciéndonos a nosotros mismos la misma cosa una y otra vez. Estamos edificando de este elemento real e invisible —el pensamiento— las mismas construcciones una y otra vez. Una es un duplicado inútil de la otra.

Si siempre nos inclinamos a pensar o conversar sobre un tema en particular, si nunca lo olvidamos, si lo iniciamos en todo momento y lugar; si no nos adaptamos, en el pensamiento y en el habla, al tono predominante de la conversación a nuestro alrededor; si no tratamos de interesarnos por lo que hablan los demás; si nos empeñamos en conversar solo sobre lo que nos interesa o no conversamos en absoluto, corremos el riesgo de convertirnos en un "terco", o un "fanático" o un monomaníaco.

El "terco" se gana su propia reputación. Es alguien que, después de imponerse una idea, y solo una, ha resuelto, tal vez inconscientemente, imponer esa idea a todos los demás. No olvidará en ningún momento su teoría favorita o su propósito para adaptarse al pensamiento de los demás. Por esta razón, pierde el poder de olvidar, de apartar de su mente ese pensamiento que le absorbe. Se sumerge cada vez más en esa idea. Se rodea de su peculiar pensamiento, atmósfera o elemento, un elemento tan real como cualquiera otro que vemos o sentimos.

Las personas que están cerca de él sienten este pensamiento estrecho, y lo sienten de manera desagradable; porque el pensamiento de una persona es sentido por quienes están cerca, a través de un sentido que aún no tiene nombre. En el ejercicio de este sentido reside el secreto de tus impresiones a primera vista favorables o desfavorables de las personas. Ya que el pensamiento siempre está fluyendo de ti, estás enviando al aire un elemento que incide en los demás a favor o en contra de ti, de acuerdo con su calidad y la agudeza de su sentido para sentir los pensamientos. De la misma manera te afecta el pensamiento de los demás, estén lejos o cerca. Por lo tanto, estamos hablando con los demás cuando nuestras lenguas están quietas. Nos hacemos odiar o querer mientras nos sentamos a solas en la intimidad de nuestra habitación.

Una persona terca a menudo se convierte en un mártir, o se considera a sí mismo como tal. No hay necesidad de martirio en ninguna causa, excepto para la ignorancia. El martirio siempre implica falta de juicio y tacto en la presentación de un principio nuevo para el mundo. Analiza el martirio y encontrarás en el mártir una determinación de forzar en la gente alguna idea en forma ofensiva y antagónica. Las personas de gran capacidad, habiendo habitado en una idea, han sido finalmente capturadas por ella. El antagonismo que sacaron de otros, lo sacaron porque lo tuvieron primero en su propia mente. Cristo dijo: "No vine a traer paz, sino espada". Ha llegado el momento en la historia del mundo de envainar la espada. Muchas buenas personas utilizan inconscientemente la espada al aconsejar lo que consideran mejor. Está la espada (en pensamiento) del reformador regañón, la espada de la aversión a los demás porque no hacen caso a lo que dices, y la espada del prejuicio porque otros no adoptan tus hábitos peculiares. Cada pensamiento discordante contra los demás es una espada y provoca en los demás una espada a cambio. El pensamiento que envías, recibes de vuelta, del mismo tipo. El imperio de la paz que se avecina ha de construirse reconciliando las diferencias, haciendo amigos a los enemigos, hablando a la gente de lo bueno que hay en ellos en lugar de lo malo, disuadiendo las habladurías y los malos comentarios mediante la introducción de temas más agradables y provechosos, y demostrando a través de la propia vida que hay leyes, generalmente no reconocidas, que dan salud, felicidad y fortuna, sin injusticia ni perjuicio para los demás. Su partidario saldrá al encuentro del enfermo con la sonrisa de la verdadera amistad, y los más enfermos son siempre los mayores pecadores. El hombre o la mujer más repulsivos, la criatura llena de engaño, traición y veneno, son los que más necesitan tu piedad y ayuda, porque ese hombre o esa mujer, al generar un mal pensamiento, está generando dolor y enfermedad para sí mismo.

Te encuentras pensando en una persona desagradable de la que has recibido un desaire o un insulto, una herida o una injusticia. Ese pensamiento permanece en ti hora tras hora, tal vez día tras día. Al final te cansas de él, pero no puedes deshacerte de él. Te molesta, te preocupa, te inquieta, te enferma. No puedes evitar dar vueltas y más vueltas a esta misma pista de pensamiento fastidiosa y molesta. Desgasta tu espíritu; y todo lo que desgasta el espíritu, desgasta el cuerpo.

Esto es así porque has atraído sobre ti el pensamiento opuesto y hostil del otro. Está pensando en ti como tú en él. Te está enviando una ola de pensamiento hostil. Estás dando y recibiendo golpes de elementos invisibles. Pueden mantener esta guerra silenciosa de fuerzas invisibles durante una semana, y si es así, ambos resultan perjudicados. Esta contienda de voluntades y fuerzas opuestas está ocurriendo a nuestro alrededor. El aire está lleno de ella.

Por lo tanto, esforzarse por olvidar a los enemigos, o enviarles solo pensamientos amables, es un acto de autoprotección como lo es levantar las manos para protegerse de un golpe físico. El persistente pensamiento de amabilidad aparta el pensamiento de mala voluntad y lo hace inofensivo. El mandato de Cristo de hacer el bien a tus enemigos se basa en una ley natural. Está diciendo que el pensamiento o elemento de buena voluntad lleva el mayor poder, y siempre desviará y evitará el perjuicio del pensamiento de mala voluntad.

Pide el olvido cuando solo puedas pensar en una persona o en una situación con el dolor que produce la pena, la ira o cualquier otra causa. Pedir es un estado mental que pone en movimiento fuerzas para traer el resultado necesario. Pedir es la base científica de la oración. No supliques. Pide persistentemente tu parte de fuerza de los elementos que te rodean, mediante los cuales puedes dirigir tu mente a cualquier estado de ánimo deseado.

No hay límites a la fuerza que se puede obtener mediante el cultivo de nuestro poder de pensamiento. Puede alejar de nosotros todo el dolor que surge de la pena, de la pérdida de la fortuna, de la pérdida de los amigos y de las situaciones desagradables de la vida. Tal poder es, precisamente, el elemento o la actitud mental más favorable para la obtención de fortuna y amigos. La mente más fuerte saca el pensamiento agobiante, agotador, preocupante, lo olvida y se interesa por otra cosa. La mente más débil se queda en el pensamiento inquietante y preocupante, y se esclaviza con él. Cuando temes una desgracia (que tal vez nunca ocurra), tu cuerpo se debilita; tu energía se paraliza. Sin embargo, a través de la petición constante, puedes sacar de ti mismo un poder que puede deshacerse de cualquier miedo o estado mental problemático. Este poder es el camino hacia el éxito. Pídelo y aumentará cada vez más, hasta que por fin no conozcas el miedo. Un hombre o una mujer sin miedo puede lograr maravillas.

El hecho de que ningún individuo haya obtenido tal cantidad de este poder, no es prueba de que no se pueda obtener. Cosas nuevas y más maravillosas están sucediendo en el mundo. Años atrás, quien afirmara que una voz humana podía oírse entre Nueva York y Filadelfia habría sido calificado de lunático. Hoy en día, la maravilla del teléfono es un asunto cotidiano. Los poderes aún no reconocidos de nuestro pensamiento harán que el teléfono sea un asunto insignificante. Los hombres y las mujeres, mediante el cultivo y el uso de este poder, van a hacer maravillas que ni siquiera la ficción ha puesto o se ha atrevido a poner ante el mundo.

CAPÍTULO 4

CÓMO NACEN LOS PENSAMIENTOS

Al igual que en las combinaciones de elementos o químicos se forman nuevas sustancias, en la combinación de la sustancia del pensamiento, al fluir y mezclarse de mente a mente, se forman o nacen nuevos pensamientos.

El carácter y la calidad de tu pensamiento es matizado y, en mayor o menor medida, modificado por cada persona con la que te relacionas, ya que sus pensamientos se mezclan con los tuyos y forman una nueva combinación. En cierta medida, eres una persona diferente por haber conversado ayer una hora con A, que si hubieras intercambiado pensamientos con B. Entonces, has injertado en ti un matiz de la naturaleza de A, o de la cualidad de su pensamiento.

Si te relacionas mucho con los bajos y los degradados, el pensamiento que nace en ti de la quimicalización de tu pensamiento con el de ellos, se verá afectado por su grosería, a pesar de tu mayor esfuerzo y aspiración. Así, "las malas relaciones corrompen las buenas costumbres". Si tus asociados son refinados, puros, elevados y con aspiraciones, el pensamiento que nace de esa mezcla y quimicalización es elevado, puro, poderoso y con aspiración.

Las asociaciones con lo bajo e impuro disminuyen el poder de tu pensamiento. Lo que debilita la mente debilita el cuerpo, y también disminuye el poder de tu pensamiento para lograr resultados lejos del cuerpo, en cualquier asunto.

Si existe una constante asociación y mezcla del pensamiento de una mente amplia y generosa con una baja, innoble, estrecha y mezquina, la fuerza del espíritu o pensamiento más elevado puede agotarse tratando de repeler lo más bajo. Hoy en día, miles de naturalezas más finas están físicamente enfermas, porque sus espíritus están saturados del pensamiento más bajo, más burdo y más estrecho de los que les rodean.

Un nuevo pensamiento o idea aporta fuerza al cuerpo, así como a la mente. Por esta razón, el intelecto real y activo del mundo vive mucho tiempo, como Víctor Hugo, Gladstone, Beecher, Bright, Bismarck, Ericcson y otros. Es cierto que hay una especie de vida e intelecto fosilizados que pueden existir muchos años, pero que disfrutan poco y no logran nada. Un mayor conocimiento de las leyes del pensamiento (esa gran fuerza silenciosa de la naturaleza) permitirá que, en el futuro, el espíritu pueda utilizar su cuerpo, no solo en su totalidad, sino en una posesión cada vez mayor de sus poderes mentales y físicos mientras lo desee.

Los cuerpos de las personas se deterioran y pierden vigor por pensar continuamente el mismo conjunto de pensamientos. El pensamiento es alimento para tu espíritu, tanto como el pan lo es para el cuerpo. El pensamiento antiguo es, literalmente, una sustancia o elemento viejo y rancio. No nutre adecuadamente al espíritu. Si el espíritu está hambriento, el cuerpo sufrirá. Se convertirá en un fósil semi animado o, si el espíritu es lo suficientemente fuerte como para imponer sus exigencias causadas por los lamentos de su hambre, habrá una perpetua inquietud, malestar y alguna forma de enfermedad corporal. Por esta causa hay miles de personas que sufren hoy en día. Ellos "entristecen el espíritu". Es decir, su educación mundana, o más bien, esa parte de su espíritu entrenada casi a regañadientes para ajustarse a la opinión y a la vida que les rodea, se resiste a la intuición o a las súplicas de su espíritu, que a menudo consideran caprichos y fantasías insensatas.

Un nuevo pensamiento es una nueva vida y una renovación de la vida. Una nueva idea, plan o propósito nos llena de esperanza y vigor. Un secreto de la vida eterna y de la felicidad es avanzar siempre hacia lo nuevo, o sea, "olvidando lo que queda atrás, y extendiéndose a lo que está delante". La eternidad y el espacio infinito no se agotan de lo nuevo. La senilidad se produce por mirar siempre hacia atrás y vivir en el pasado. Tú no tienes nada que ver con la persona que eras hace un año, salvo aprovechar la experiencia de esa persona. Esa persona está muerta. El "Tú" de hoy es otro y un individuo más nuevo. El "Tú" del próximo año será otro, y aún más nuevo.

"Muero cada día", dice Pablo. Con ello infería que algún pensamiento de ayer estaba muerto hoy, y había sido desechado como una prenda vieja. En su lugar estaba uno más nuevo. Cuando nuestros espíritus crecen saludablemente, hemos acabado para siempre con una parte de nosotros mismos al final de cada día. Esa parte está muerta. Para nosotros es un pensamiento muerto. Ya no nos sirve de nada. Utilizarla nos perjudicará. La desechamos de la misma manera que nuestro cuerpo desecha cada día cierta porción de piel muerta. El que tiene un aumento de pensamiento nuevo, vive un mundo nuevo cada día. En lo que respecta a la felicidad, no importa tanto dónde estemos, con tal de que podamos aportarnos esta afluencia diaria de nuevo pensamiento. De este modo, podemos conseguir la felicidad en una mazmorra, mientras que las personas cerradas a las nuevas ideas son miserables en los palacios. Estamos en el camino hacia una independencia, casi completa, del mundo físico. Independencia significa poder. Mientras dependamos de alguna manera de una persona, de un alimento, de una droga, de un estimulante o de cualquier condición de las cosas que nos rodean, en esa medida, somos esclavos de esas cosas. Así que la entrada permanente de nuevas ideas abre una vía de escape de las mazmorras de la pobreza material y espiritual. Puedes ser rico en bienes de este mundo, pero muy pobre al no poder disfrutar de ellos. No puedes permanecer mucho tiempo en la pobreza, en el sentido mundano, si eres rico espiritualmente. Pero la riqueza espiritual no pide más de lo que puede usar y disfrutar durante la hora y el día. No acumula en las cajas fuertes de los bancos.

La afluencia diaria de un nuevo pensamiento aporta un nuevo poder. A quien recibe así a diario, se le añade una fuerza fresca que empuja sus empresas hacia el éxito. La fuerza silenciosa de tu mente mantiene entonces su presión constante sobre otras mentes que cooperan consciente o inconscientemente contigo.

En los reinos superiores de la mente se encuentran aquellos que están siempre alegres, contentos y confiados en el éxito y la felicidad futuros. Han vivido de acuerdo con la Ley y la han demostrado. Saben que, manteniendo la mente en un estado determinado, controlando adecuadamente sus pensamientos, se produce una afluencia constante de felicidad y poder. Porque el poder y la felicidad deben ir juntos. También deben hacerlo el pecado, el dolor y la debilidad. Saben, además, que cada uno de sus planes (siguiendo la Ley) debe ser un éxito. Por lo tanto, la vida con ellos debe ser una sucesión constante de victorias. Por esto su fe o creencia es tan cierta como la nuestra de que el fuego quemará, o que el agua extinguirá el fuego.

Si lo deseamos sincera y persistentemente, podemos conectarnos con este orden mental y atraer de él una nueva vida y un elemento que nos dé fuerza. Despejamos el camino hacia esa valiosa conexión mediante el esfuerzo por alejar de nosotros toda envidia, pesimismo, disputa o cualquier otro pensamiento impuro. Cualquier pensamiento que nos perjudique es un pensamiento impuro. El hábito de toda la vida puede hacer que al principio esto sea una tarea difícil. El esfuerzo o la aspiración constantes alejarán ese pensamiento perjudicial cada vez con más facilidad. Todo pensamiento impuro es como basura o suciedad a nuestro alrededor, que impide el acercamiento del orden mental superior. Un pensamiento para un espíritu así es algo tan real como una piedra para nosotros. Para ellos, en el pensamiento podemos estar literalmente cubiertos de basura o de flores.

Un gran poeta, artista, escritor, general u otro trabajador en cualquier departamento de la vida, puede haber tenido una gran parte de su grandeza debido a su condición de médium para que las inteligencias invisibles trabajen a través de él. Puede haber sido más el portavoz de ellas que el originador.

Una persona puede ser pequeña, mezquina, insignificante, vana, víctima de pasiones desmedidas y, sin embargo, a veces, dar una elegante expresión a los sentimientos más exaltados. Una pequeña parte del intelecto de este individuo respondía a estos sentimientos. Pero sus defectos, sus pasiones, sus vicios, están muy presentes. En ciertos estados de ánimo se eleva a alturas sublimes; en su estado de ánimo habitual es alguien relativamente pequeño. Hemos tenido poetas cuyos sentimientos, expresados en diferentes momentos, son casi contradictorios. En un momento expresan la pureza; en otro, lo contrario. Sus vidas han sido bajas, burdas y denigrantes.

Tales naturalezas son utilizadas en momentos favorables por un grado superior de inteligencia invisible, para expresar su pensamiento a través de ellas. Es una necesidad absoluta que un intelecto rebosante de riqueza de pensamiento, con visiones de la grandeza y belleza de las posibilidades de la vida, dé expresión a ese pensamiento. Esta necesidad es una ley de la naturaleza. Estas mentes son como manantiales reprimidos que deben brotar. No es un deber, en el sentido corriente de la palabra; es una necesidad. Si eres rico en pensamientos, debes dar de ellos dondequiera que encuentres la oportunidad. Eres como un árbol sobrecargado de frutos maduros. Cuando la fruta está madura, debe caer; cuando el pensamiento está maduro, debe salir. Si no hay nadie cerca de ti que lo escuche, debes ir a donde pueda ser escuchado; debes ir por la necesidad de autopreservación. No puedes guardar con seguridad un don, un talento, una verdad, una capacidad de hacer algo bien, todo para ti.

A medida que los espíritus crecen en riqueza de pensamiento, cuando incluso se ven oprimidos por su propio peso de riqueza, buscan en todas las direcciones dar esta riqueza. Pueden encontrar una organización impresionable en el estrato terrestre de la vida; pueden acudir individualmente y dar su pensamiento o, mediante una cierta cooperación, un número de tales mentes unidas en propósito y motivo, pueden acudir en grupo hacia el individuo; durante un período, pueden rodearlo con su propia atmósfera de pensamiento. Esta atmósfera actuará sobre el individuo como un estimulante. Elevará su pensamiento muy por encima de su nivel habitual. En ese momento, ve todas las cosas a la luz de una vida más elevada y más pura que cualquier otra vivida a su alrededor. En esta condición mental, se imprimen en su mente sentimientos de un orden exaltado; en otras palabras, esta cooperación de las mentes superiores les permite traer de su pensamiento una sustancia real y mantenerla por más tiempo cerca del impresionable en la tierra. Él lo absorbe y siente su poderosa influencia. De hecho, está "inspirado" por ella, es decir, la respira. Se siente entusiasmado, casi embriagado por él, porque el pensamiento refinado y poderoso es un estimulante, cuya influencia sobre el individuo está en proporción a la finura de la organización de dicho individuo, a su impresionabilidad o a su capacidad de recibir de dicho pensamiento. Tal estimulación no es más que otro nombre para la "influencia magnética". En esto tienes el secreto de la atracción que una persona puede tener por otra. La persona atraída es realmente estimulada mientras está cerca de la otra, por el pensamiento absorbido de la persona que atrae.

En la condición mental arriba indicada, un poeta puede dar expresión al pensamiento que le llega y le rodea según su propio gusto o tendencia en cuanto a ritmo y medida. O el poema en cuestión realmente puede serle dictado.

Bajo estados mentales similares, provocados por las causas antes mencionadas, se escriben novelas y se dejan caer invenciones en las mentes. Los artistas y escultores pueden trabajar bajo tal inspiración. Los generales han sido impulsados y ayudados de forma similar en las operaciones militares. En el mundo de los negocios y las finanzas actúa la misma ley. Actúa en todos los grados de objetivos y motivos, ya sean bajos o altos. Ningún gran resultado obtenido en la vida, ningún gran esfuerzo de pensamiento, ninguna gran invención, proviene de la acción de una sola mente. Todos somos partes de un mismo todo. Todos somos miembros del mismo cuerpo. No podemos hacer nada sin cooperación, y la unidad humana que cree que lo hace, está pensando en la simplicidad de su ignorancia.

El poeta que ha escrito así bajo el poder inspirador de otra u otras mentes puede fallecer con un gran nombre. Sin embargo, es posible que no haya merecido toda la reputación que obtuvo. Sus escritos son en gran medida el resultado del pensamiento concentrado en él por una asociación cooperativa de inteligencias invisibles. Ellas descargaron su pensamiento sobre él, en parte para aliviarse. Entonces, aliviados, pudieron subir más alto y absorber ideas más nuevas y finas. Tan pronto como des a los demás tu pensamiento e idea actuales, rápidamente recibirás lo nuevo. Si te reprimes, te impides la absorción del pensamiento más nuevo. Si eres un medio para que cualquiera de las fuerzas del universo pase y pueda ser transmitida a los demás, debes tener cuidado de que nada impida el libre paso del nuevo pensamiento a través de ti. En el momento en que retengas cualquier verdad, cualquier plan, esquema o invención, con la idea de que es exclusivamente tuya, estarás obstruyendo ese medio.

Te empobrecerás en todos los sentidos por esa retención. Si das libremente, aumentarás tu riqueza, y de tu desbordante riqueza podrás retener fácilmente lo suficiente para que te llegue toda la ayuda material necesaria. El escrito: "De gracia recibieron, den de gracia" se basa en un hecho científico en el reino invisible del pensamiento.

Hay espíritus reencarnados hoy en día en la tierra que, durante una existencia anterior y bastante reciente, tuvieron una gran reputación en algún campo de actividad. Hoy en día hay poetas en la tierra que no disfrutan más que una décima parte de su fama en una existencia anterior. Una de las razones es que gran parte de su fuente de inspiración ha desaparecido. Es decir, el conjunto de espíritus que en la existencia anterior acudían a ellos por necesidad, para descargar su riqueza de pensamiento, ya no trabaja bajo tal necesidad, en lo que respecta a la mediumnidad de lo impresionable. Estas inteligencias todavía tienen necesidad de dar de su pensamiento en algún lugar. Pero el pensamiento que absorben ahora puede ser demasiado fino para ser recibido por cualquiera en la tierra.

Para algunos, la idea es orgánica. Son creadores además de absorbentes de pensamiento. Estos son los que intentan vivir de acuerdo con su ideal más elevado, y en la mayor variedad de vida y ocupación. Cuando uno ve la necesidad de hacer esto, trae para sí todo lo mejor lo mejor que pueda apropiarse en el universo. Es un absorbente de espíritu de todos los lados. Vuelve a emitir este mismo espíritu, coloreado con su individualidad. Cada uno de estos individuos es como un reflector de cristal coloreado con algún matiz peculiar. La luz interior, que brilla a través de dicho matiz, difunde rayos de la misma luz por todos los lados. La luz representa el espíritu. El globo o reflector representa al individuo a través del cual brilla la luz. El aceite de nuestras lámparas puede proceder de la misma fuente. Las luces de una serie de lámparas pueden ser de tantos colores como los globos teñidos de diferentes colores. Así, en una serie de personas individualizadas, aunque cada una se alimente del mismo espíritu, cada una refleja una luz peculiar propia.

Podemos ser creativos y originales al absorber de cualquier espíritu, y hacer que su expresión sea original. Observas y admiras el método de un actor o de un artista; entonces absorbes de su pensamiento. Pero no serás una simple copia de su método. Su pensamiento se combina con el tuyo. Hay una operación química real de un elemento invisible. Hay una combinación de su pensamiento con el tuyo, que da lugar a la formación de un nuevo elemento, de tu propia idea original. Cuanto más puros sean tu pensamiento y tu motivo, más desinteresado será tu propósito, cuanto mayor sea la rapidez de dicha combinación, más original y sorprendente será tu pensamiento. Por tales medios nace en ti el pensamiento. Las cualidades de justicia y altruismo son en sí mismas elementos y factores científicos de dicho nacimiento.

El espíritu egoísta se contenta con ser un simple prestatario. Si se apropia del pensamiento o la idea de otro, sin acreditar nunca dicha idea a su legítimo propietario o sin el deseo de acreditarla, siempre seguirá siendo un prestatario. Pero no siempre habrá personas a las que pedir prestado. Debe llegar un momento, en esta vida o en otra, en el que dicho espíritu será abandonado por completo a sus propios recursos. Entonces se encontrará pobre. Estará incapacitado por el hábito de pedir prestado. Descubrirá que este hábito impide la asimilación química y el nacimiento del nuevo elemento o, en otras palabras, de la idea original o individualmente matizada. Simplemente has tomado la propiedad de otro y la has hecho pasar como tuya. No has sido un fabricante. Solo has sido un receptor de las creaciones de otro.

No importa si absorbes la idea de esta manera, y la utilizas como propia, de mentes cuyos cuerpos son visibles para ti o invisibles. Sigues siendo un simple prestatario. De este modo, perjudicas el poder de crear tu propio matiz peculiar de individualidad de la luz.

Si los espíritus que encuentran una organización impresionable le imponen continuamente su pensamiento, debido a su propio deseo de expresión, lo convierten en un portavoz perpetuo, hablando o escribiendo continuamente a través de dicha persona, pueden cometer una gran injusticia y perjuicio. Por muy elevado o útil que sea su pensamiento, este continuo vertido de ideas a través de una mente engendra el hábito y el deseo de no hacer otra cosa sino escribir o actuar, o realizar una sola cosa continuamente. Esto hará que la persona solo crezca de un lado. La mente equilibrada, el ajuste armonioso y organizado de las cualidades necesarias para engendrar cada vez más originalidad, debe venir también de ver y participar en todos los matices y tipos de vida posibles, así como de un motivo puro y desinteresado. Necesitas mezclarte y simpatizar con toda clase de personas, toda clase de empleos, toda clase de profesiones, para que tus propias concepciones se caractericen por la mayor originalidad. Entonces (el motivo desinteresado está implícito) no serás un mosaico de trozos prestados de todos aquellos con los que entras en contacto; sino un mosaico en el que cada idea tomada de otros e injertada en la tuya tiene una individualidad peculiarmente tuya.

CAPÍTULO 5

LA LEY DEL ÉXITO

El éxito en cualquier negocio o empresa se debe a la operación de una ley. Nunca llega por casualidad: en las operaciones de las leyes de la naturaleza, no existe la casualidad o el accidente. La llamada caída accidental de la piedra desde la ladera de la montaña es el resultado de fuerzas que han estado actuando en esa piedra a través de incontables edades.

Tú y tu fortuna no son cosas del azar, como tampoco lo es el árbol desde su más temprano crecimiento. Tú eres el producto de los elementos, y ese producto es por el funcionamiento de una ley. Al descubrir la ley, puedes hacer de ti mismo lo que quieras.

Tu pensamiento, o espíritu, es tu verdadero ser, y no tu cuerpo. Tu pensamiento es una sustancia invisible, tan real como el aire, el agua o el metal. Actúa aparte de tu cuerpo; sale de ti hacia los demás, lejos y cerca; actúa sobre ellos, los mueve e influye en ellos. Lo hace tanto si tu cuerpo está dormido como despierto.

Este es tu verdadero poder. A medida que aprendas cómo actúa realmente este poder; a medida que aprendas a mantenerlo, utilizarlo y controlarlo, harás negocios más provechosos y lograrás más en una hora que lo que ahora puedes hacer en una semana. Aumentarás continuamente este poder mediante el ejercicio. Esto, y solo esto, era la base de los milagros, la magia o el poder ocultista de los tiempos antiguos.

Tu estado de ánimo predominante, o tu estado mental, tiene mucho más que ver con tu éxito o fracaso en cualquier empresa. Tu mente es esa cantidad de sustancia de pensamiento que se ha reunido durante innumerables edades y después de utilizar muchos cuerpos físicos. La mente es un imán. En primer lugar, tiene el poder de atraer pensamiento y, a continuación, de enviarlo nuevamente. Tú no haces tu pensamiento por ti mismo: solo lo recibes y lo sientes cuando viene a ti.

El tipo de pensamiento con el que más cargues ese imán (tu mente), o te abras a recibir, atraerá más de ese tipo hacia ti. Entonces, si piensas o mantienes más en mente el pensamiento de determinación, esperanza, alegría, fuerza, poder, justicia, amabilidad, orden y precisión, atraerás y recibirás cada vez más de tales elementos de pensamiento.

Estos son algunos de los elementos del éxito. Estas cualidades son un elemento del pensamiento tan real como cualquier cosa que vemos o sentimos. Cuanto más establezcas el imán en esta dirección, más fuerte se hará para atraer estos elementos.

Cualquier cosa que pienses o recibas, envías de nuevo desde ti, una sustancia invisible para actuar sobre los demás.

Tu propio pensamiento está ahora en el aire, actuando y atrayendo hacia ti la misma clase de pensamiento desde otros, cuyos cuerpos puede que nunca hayas visto. Las personas que vas a conocer en el futuro, que pueden ayudar o perjudicar tu fortuna, son aquellas cuyo pensamiento, igualmente enviado lejos de sus cuerpos, ya se ha encontrado y mezclado con el tuyo. Esa atracción tiende a unirlos en el cuerpo. Ciertamente unirá su existencia en alguna forma.

Cuando el pensamiento determinado se encuentra con un pensamiento determinado y se une en un propósito similar, de tal unión surge un doble poder para el éxito, ya sea que los cuerpos utilizados por tal pensamiento, mente o espíritu, estén en la misma casa o a miles de kilómetros de distancia.

Sin embargo, si la mayor parte del tiempo estás pensando en el desánimo o la ira, o en cualquier forma de mal humor, estás enviando a cientos y miles de kilómetros de tu cuerpo este elemento-pensamiento de desánimo, desesperanza o ira, literalmente una parte de tu ser invisible. Éste atrae, se encuentra y se mezcla con el mismo elemento-pensamiento enviado de manera similar por otros (partes de tales personas). Así que te atrae hacia ellos, tus compañeros de miseria, y se perjudican mutuamente la salud y la fortuna.

Un pensamiento atrae un pensamiento del mismo tipo. Mantén cualquier pensamiento fijo en tu mente, por ejemplo, el pensamiento de fuerza o salud, y atraerás hacia ti cada vez más del elemento-pensamiento de fuerza y salud. Mantén en tu mente la idea de fuerza, de avance, de empuje y atraerás hacia ti un elemento que te dará fuerza, empuje y te hará avanzar.

Mientras estés en un estado mental confiado, decidido y sereno, teniendo algún objetivo especial en vista, basado en el bien y la justicia, mientras te muevas de esta manera, el más fuerte poder silencioso de tu pensamiento atraerá hacia ti a las personas con las que debes trabajar. Si tu objetivo no está basado en el bien y la justicia, aun así, moverás este silencioso poder de tu mente, pero no traerá resultados tan beneficiosos para ti, como cuando tu pensamiento está basado en tu idea más elevada del bien. Si deseas ganar mediante el engaño y la mentira, puedes hacerlo. Por la misma ley y método, atraerás el pensamiento engañoso y deshonesto antes que su cuerpo. Entonces, trabajarás con el deshonesto en el cuerpo. La mente deshonesta se agrupa por una ley natural. Los deshonestos seguramente se perjudicarán mutuamente de alguna manera.

Un pensamiento, sea bueno o malo, es una cosa o construcción de un elemento invisible tan real como un árbol, una flor, un reloj. Ya está hecho antes de que lo pienses o lo recibas, ya que tu mente lo atrae a través de su estado de ánimo, marco mental o actitud. Cuando lo piensas, lo vuelves a poner afuera para actuar, mover o influir en los demás. Pero tu pensamiento hablado o susurrado en la intimidad de tu habitación es puesto fuera con más fuerza para actuar sobre otros que si simplemente lo "piensas". Y si dos o más personas conversan, sin ninguna discusión o desacuerdo, sobre algún propósito común en cualquier negocio, ellos envían un volumen proporcionalmente mayor de fuerza para trabajar en otras mentes en relación con dicho negocio. Sin embargo, si ellos no están de acuerdo, si están enojados y discuten entre sí, la fuerza enviada es perjudicial para esa empresa. Si hablan pacíficamente y establecen dejar de lado las preferencias individuales o los prejuicios con el fin de trabajar en el propósito común en vista, el pensamiento o la fuerza que generan es constructiva y actúa favorablemente en otras mentes lejos y cerca para avanzar en ese negocio.

Por lo tanto, cada vez que piensas, estás afectando tu fortuna para bien o para mal; y cada vez que hablas con otros, estás haciendo una fuerza aún mayor para hacerte ganar o perder salud, amigos y dinero. Cada pensamiento tuyo, silencioso o hablado, tiene un valor literal.

Si recibes (es decir, piensas) el pensamiento de que no puedes tener éxito en ninguna empresa, tal pensamiento también sale, se encuentra y atrae a otros pensamientos desalentados y abatidos del tipo «no puedo», acercándote cada vez más a los cuerpos de las personas desesperadas y preocupadas a las que precede; perjudica tu salud y toda la habilidad comercial que te empuja, y te hace entrar en contacto personal con personas que solo ayudan a arruinarse mutuamente.

Entonces, con tu poder de pensamiento estás trabajando para no tener éxito.

Puedes utilizar este poder para obtener buenos o malos resultados, como puedes utilizar la locomotora para llevar tu cuerpo en un viaje, o para aplastar tu cuerpo lanzándote ante ella.

Cualquier plan o esquema de negocios en el que fijes tu mente persistentemente con la determinación de tener éxito, comienza una construcción de pensamiento de un elemento invisible para atraer fuerzas de apoyo hacia ti. Por "fuerzas de apoyo" me refiero, primero, a una creciente fertilidad mental para crear nuevos planes que empujen tu negocio; segundo, atrayendo hacia ti a las personas más indicadas para que te ayuden en tus planes.

No desperdicies tu poder buscando tales fuerzas de apoyo con tu cuerpo. Deja que la resolución silenciosa y persistente de la mente haga el trabajo. Lo hará si perseveras manteniendo este estado de ánimo. No es un poder nuevo, aunque posiblemente sea nuevo para la mayoría de nosotros. Se ejerce constantemente, aunque de forma inconsciente, para bien o para mal en todo nuestro entorno. Porque tu cuerpo no es el único poder con el que tienes que trabajar. Tu cuerpo es solo el instrumento utilizado por tu mente, o espíritu. Tu mente, tu ser invisible, utiliza tu cuerpo, por ejemplo, en la tala de un árbol u otro trabajo manual, exactamente como tu cuerpo utiliza el hacha. Pero cuando tal fuerza (pensamiento) no está utilizando el cuerpo, está trabajando con mayor poder en otra parte.

Pensar con persistente resolución, pensar en el empuje persistente de tu único objetivo y propósito — simplemente pensarlo y no hacer nada más— creará para ti un poder que con toda seguridad actuará y traerá resultados. El poder que creas de tu mente y de las fuerzas invisibles trabajará mientras duermes. Te traerán nuevos dispositivos, planes y métodos para hacer avanzar tu negocio. Y a medida que obtengas estos planes, moverán tu cuerpo para actuar. No puedes quedarte quieto cuando te llega una idea que signifique un negocio: esa idea es para ti poder. Pero, cuidado con agotar tu cuerpo hasta tal punto que no tengas poder para recibir una idea cuando ésta llegue. Todos los negocios exitosos se basan en un flujo continuo de nuevas ideas, planes, dispositivos y esquemas.

Tu espíritu o pensamiento, actúa y trabaja sobre los demás mientras tu cuerpo duerme. Puede hacerlo con aquellos cuyos cuerpos también están dormidos. Si estás enojado o desanimado al ir a dormir, es probable que tu ser invisible al dejar su cuerpo sea atraído por alguna otra naturaleza enojada o desanimada. Cuanto mejor sea tu estado de ánimo al dejar tu cuerpo por la noche y entrar en tu otra existencia, mejor será el pensamiento o la persona que encontrarás en esa existencia para promover tu propósito. Si no tienes ningún propósito, probablemente te encontrarás con otra naturaleza sin propósito. No tener un propósito especial en la vida, simplemente ir a la deriva, es no tener nada en lo que enfocar o concentrar tu poder de pensamiento. Si no se concentra, sino que se dispersa, fijándose en una cosa hoy y en otra mañana, estarás inquieto, abatido e infeliz de mente. Si eres infeliz en la mente, nunca podrás estar sano en el cuerpo.

El espíritu o pensamiento, está siempre activo, ya sea que el cuerpo esté dormido o despierto. Cuando el cuerpo está inconsciente mientras duerme, tu mente entra en su otra fase de vida y actividad. Solo has intercambiado una forma de existencia por otra. Cuando te despiertas, literalmente "levantas el cuerpo" para utilizarlo en el estrato terrestre de la vida.

Tu pensamiento actúa sobre los demás, a favor o en contra de ti, cerca o lejos, mientras estás despierto. Pero actúa con mucha más fuerza sobre aquellos a los que es atraído cuando tu cuerpo duerme. Entonces está menos distraído por las esperanzas, los miedos, los prejuicios, las costumbres y el entorno de su vida corporal. Por consiguiente, si tienes algún propósito, es mejor que no fijes tu pensamiento con demasiada fuerza cuando estás despierto en las personas que crees que pueden cooperar contigo, porque tu espíritu, cuando está fuera de su cuerpo, tiene un rango de conocimiento y acción mucho más amplio que cuando usa su cuerpo. Puedes concentrar su fuerza en exceso, mientras sostiene el cuerpo, en alguna persona con menos probabilidades de ayudarte que la persona o el pensamiento al que es atraído mientras está alejado del cuerpo. En tal caso, su fuerza se coloca en dos direcciones cuando debería estar solo en una.

Hablar de tu plan o proyecto de negocio crea fuerza a favor o en contra de ti. Un plan claro o una idea por la cual puedes ganar más dinero representa fuerza. Un plan confuso representa una fuerza menor e imperfecta. Un nuevo invento es una nueva fuerza. Hablar de tus asuntos con aquellos que son realmente amigos tuyos, verdaderamente amigos, y sin una sombra de envidia o rencor contra ti, añade su pensamiento o fuerza a la tuya para hacer planes más claros, trabajar en otras mentes y alistarlos de alguna manera a tu favor. La simpatía es fuerza. La buena voluntad de cualquier persona es una sustancia real, viva y activa que fluye siempre hacia ti cuando esa persona piensa en ti. Tiene un valor comercial en dólares y centavos. La mala voluntad es también un elemento enviado desde la persona que la piensa, y trabaja contra ti, aunque esa persona nunca hable o actúe con el cuerpo contra ti. Solo puedes oponerte a esto con éxito poniendo enfrente el elemento-pensamiento de la amabilidad. El pensamiento del bien hacia los demás es el elemento invisible más fuerte y puede apartar el mal (lo más débil). Impide que te alcance o te perjudique.

A través del funcionamiento de esa misma ley es peligroso hacer enemigos, no importa lo buena o justa que sea la causa.

Hablar sobre tu negocio al azar, no solo es dar tus secretos a quienes se los dirán a otros, sino que es enviar el elemento de pensamiento de tus planes y secretos volando a lo largo y ancho del aire. Entonces, caen en otras mentes y puedes encontrar tu plan utilizado por otros antes que tú. El aire está literalmente lleno de supuestos secretos. Se anuncian a miles en forma de sospecha e impresión.

Cada reunión conflictiva, cada disputa familiar, cada discordia entre las personas, envía al aire una ola de sustancia destructiva y desagradable. Afecta desagradablemente a mentes a miles de kilómetros de distancia. El pensamiento que viene de algún centro de turbulencia forma una ola o corriente. Si te enojas por alguna nimiedad, entonces pones tu mente en la actitud de un imán para atraer y dejar entrar esta corriente de pensamiento perjudicial. Tu rabia, tu mal humor o tu irritación, causados al principio por una nimiedad, se alimentan constantemente de estas corrientes. Para aliviarte, debes dirigir tu mente hacia un orden de pensamiento más agradable. La práctica en este sentido te dará más poder y hará que sea cada vez más fácil cambiar el carácter del elemento de pensamiento que viene hacia ti.

Cuando el interés, la simpatía y la buena voluntad se reúnen durante una hora para presentar agradablemente sus opiniones o pensamientos sobre cualquier tema especial, sale de esa compañía una ola de sustancia de pensamiento que toca otras mentes y despierta o renueva el interés en ese negocio, arte o causa especial, en proporción a la sensibilidad o capacidad de tales mentes para recibir pensamientos. El nuevo pensamiento que llega repentinamente a ti, viene porque en alguna parte está siendo hablado o agitado. La onda así provocada actúa en el elemento invisible, precisamente como la que se produce al arrojar una piedra en el agua tranquila. Las ondas irradian desde el centro de la conversación y continuarán extendiéndose en todas direcciones, alcanzando a otras mentes, mientras la agitación de la charla se mantenga en ese centro. En cierto sentido, ningún pensamiento es original. La misma idea, o partes o matices de esa idea, puede flotar en mil mentes en una hora, por medio de unas pocas personas que la hablan. Habla con otros amistosamente sobre una mejora en la maquinaria, una nueva invención, una nueva idea para la comodidad del ser humano, y a través de la sustancia de pensamiento así enviada a lo largo y ancho, despiertas el deseo o el interés por la cosa de la que se habla. Cuantas más personas se interesen por una cosa, más se sentirán atraídas por ti para ayudarte o comprar la cosa producida.

Respecto a tu plan, propósito u objetivo, toda tu discreta charla, tu interés y persistente determinación, representa para ti un empleo real de fuerza para atraer la cosa deseada hacia ti. Si empleas tal cantidad de fuerza, digamos durante tres meses, y luego te desanimas y lo dejas todo, abandonas gran parte de la estructura que has construido teniendo este poder de atracción. Puede que no veas dónde está operando ese poder. Pero está trabajando, atrayendo hacia ti a las personas que simpatizan contigo, o a las que quieren lo que tú tienes para dar.

Las peleas, las discusiones airadas y las quejas, envían la silenciosa fuerza destructiva. La discusión amistosa y la presentación pacífica de la opinión individual, envían la silenciosa fuerza constructiva. Si fijas tu mente persistentemente en el deseo de tener las mejores personas con quienes hablar, y así ayudarte, ellos vendrán a ti a través de este poder de atracción del pensamiento. Vendrá exactamente el orden mental que más deseas. Si no eres particularmente exigente en cuanto a los principios o la honestidad, esta ley atraerá a quienes no son exigentes en cuanto a la honestidad.

Siempre habrá una demanda por un mejor artículo, un mejor esfuerzo en cualquier arte o un mejor servicio de cualquier tipo, que los producidos anteriormente. Cuando estés seguro que el tuyo es el mejor esfuerzo, empújalo. Preséntalo ante las personas. El talento en el arte o la invención es una cosa. El talento para impulsar ese arte o invención es otra muy diferente. Para tener éxito, hay que tener ambos. El mundo paga mejor a aquellos que empujan. Cientos de inventores y artistas fracasan porque no cultivan la ciencia de empujarse ante el mundo.

Puedes aprender la ciencia de empujar por ti mismo. La adquirirás viéndote a ti mismo en la mente o en la imaginación como imponiéndote con coraje, con justicia, con honestidad, ante los demás, y haciéndote agradable a todos. Cuanto más hagas esto en la imaginación, más ganas tendrás de hacerlo en la realidad. Lo que haces en el pensamiento es una realidad. Lo que más vives en el pensamiento, lo haces realidad. Después de un tiempo de tal ejercicio mental, encontrarás que tienes más temple, más coraje, más tacto, más dirección, más deseos de relacionarte con todo tipo de personas, de tomar el mundo y hacer que te dé lo que te pertenece por derecho.

La pobreza viene en gran medida de disminuirse ante la gente y el miedo a asumir responsabilidades.

Si en la imaginación siempre te ves a ti mismo como tímido, vergonzoso, disminuido, por la misma ley te haces así. Invierte este proceso de tratamiento mental silencioso. Mírate a ti mismo como valiente. Siempre estás avanzando hacia el ideal más elevado de ti mismo y te estás reconstruyendo mediante este proceso de pensamiento silencioso. No puedes tener éxito y ganar dinero si te quedas en un rincón. No puedes hacer negocios con el mundo completamente por carta o por mandato. En cierta medida, debes mostrarte a los demás. Cuando tu espíritu lleva tu cuerpo ante otra persona, lleva el instrumento para permitir que tu espíritu ponga su máximo volumen de poder de pensamiento en esa persona.

Puesto que el pensamiento es sustancia o fuerza, puedes acumular en tu mente volúmenes de esa fuerza a favor o en contra de ti. No pensar más que en dificultades y posibles problemas en los negocios, es poner tu mente como un imán para atraer solo dificultades, primero en pensamiento, luego en sustancia. Esto se convierte para muchos en un hábito fijo del que es difícil deshacerse.

Tú no tienes que hacer con una dificultad, excepto establecer tu mente como un imán en la dirección de recibir fuerza, ideas y planes para superar esa dificultad. Si tienes problemas con alguna persona y siempre estás pensando en su injusticia hacia ti, en el estado de ánimo de la ira o la queja, en elemento de pensamiento estás creando una y otra vez la disputa o pelea. Puedes utilizar la misma fuerza o pensamiento en gruñir, renegar, quejarte y rezongar —ya sea en pensamiento silencioso o en voz alta— que en hacer un plan para deshacerte de aquello por lo que te quejas. Es precisamente el mismo principio por el que la fuerza utilizada por el albañil para construir su muro puede utilizarse para derribarlo o para arrojar ladrillos al azar. Si le das a tu cuerpo todo el descanso que necesita, tu fuerza mental trabajará mucho más poderosamente para ti. Tus planes serán más profundos y, cuando se lleven a cabo, más productivos. Si el cuerpo está siempre agotado, gran parte de la fuerza de ese espíritu debe emplearse en mantener su control sobre el cuerpo o, en otras palabras, en mantenerlo vivo. No importa si te cansas voluntariamente o estás obligado a hacerlo para ganarte la vida. El resultado es el mismo.

Si quieres más tiempo para descansar, deséalo y pídelo persistentemente. Entonces, con el tiempo se te presentará una oportunidad mediante la cual podrás ganar lo suficiente para tu sustento actual, sin tener que trabajar el cuerpo en un empleo tantas horas al día. Vendrá por esa misteriosa ley y fuerza de atracción, la cual mueve todas las cosas para todas las personas, de acuerdo a sus deseos más fuertes y la persistencia de tal deseo.

A través de este mismo poder (el deseo persistente), puedes atraer a ti un mal tan rápidamente como un bien. Lo que ahora estás deseando fuertemente puede convertirse en un mal. Si deseas o pides sabiduría para saber lo que te dará el bien más duradero, por la misma ley, atraerás hacia ti la capacidad de ver lo que realmente es mejor para ti. Desea persistentemente una "cabeza clara", y una cabeza clara vendrá a ti. Cuando se te presente la oportunidad de disponer de cuatro o cinco horas diarias más de tiempo libre, no te impongas ningún trabajo adicional por los pocos dólares que puedas obtener con ello. Esta oportunidad puede ser tu primer paso hacia una nueva vida. Regálate tiempo libre. No tengas miedo de disfrutar. Tu mente entonces creará planes para el éxito futuro; y a medida que esos planes lleguen a ti, te sentirás inspirado para llevarlos a cabo con tu cuerpo.

Una situación estable y un buen salario de por vida en cualquier vocación no es el camino hacia ningún éxito permanente o creciente. En ese caso, no eres más que un tornillo en la gran máquina de los negocios, y cuando te desgastes, serás reemplazado despiadadamente por el tornillo más nuevo. Si en cuanto a la habilidad estás en la cima de tu negocio, y en cuanto al salario cerca del fondo, es porque, aunque eres hábil en tu oficio, no lo eres en obtener tu justa recompensa por esa habilidad. Debes aspirar a dirigir un negocio basado en tu habilidad. No debes conformarte con ser manejado por otros que, aprovechando tu habilidad, ponen tu industria y artículo ante el público y, con ello, las tres cuartas partes de las ganancias. Debes utilizar tu poder de pensamiento para para llevarlo y llevarte a ti mismo ante el público.

Para obtener el mayor éxito, debes dirigir un negocio o el departamento de un negocio, y ser su único gobernador, sin interferencias ni obstáculos de otro. Únicamente la responsabilidad puede hacer surgir tu máximo poder y la felicidad que conlleva. De lo contrario, como un simple empleado, estarás encadenado por las exigencias de un empleador, o por las condiciones impuestas por otros en las que te verás obligado a trabajar. Verás cómo tus mejores ideas se llevan a cabo de forma imperfecta, porque no puedes controlar totalmente su ejecución.

CAPÍTULO 6

CÓMO MANTENER TU FUERZA

El principal medio para mantener y aumentar la fuerza física y mental consiste en entrenar la mente y el cuerpo para hacer una sola cosa a la vez; en otras palabras, poner todo el pensamiento necesario para la realización de cualquier acto en ese acto, y dejar de lado cualquier otro pensamiento excepto el que pertenece a ese acto.

El cuerpo no es más que la máquina utilizada por la mente. Si es débil, el poder de nuestro pensamiento puede ser largamente utilizado y casi inútilmente gastado en resistir su debilidad. La mente es entonces el obrero que se esfuerza por llevar a cabo su diseño con una herramienta imperfecta. Con el tiempo, esta herramienta defectuosa puede alterar y destruir por completo el poder del obrero.

La fuerza de la mente y del cuerpo es la piedra angular de todo disfrute y éxito. El cuerpo débil disfruta poco o nada. Nuestro cuerpo es un depósito de fuerza. Comer y dormir son medios para llenarse de esa fuerza; en otras palabras, para llenarse de pensamiento. Cuando nos llenamos así, disfrutamos de nuestro paseo, de nuestros negocios, de nuestras actividades de cualquier tipo. Lo más importante para todos es saber cómo conservar la mayor parte de esa fuerza durante nuestras horas de vigilia y, si es posible, aumentarla; porque esta fuerza tiene un valor comercial en dólares y centavos. El cuerpo débil y agotado no es un cuerpo para los "negocios" ni para el placer, y todos los negocios se hacen mejor cuando es un placer hacerlos.

Un antiguo sistema de filosofía dice: "Lo que hagas, hazlo con todas tus fuerzas". No es la fuerza espasmódica y fugaz de la furia o la ira. Eso no es fuerza en absoluto. Eso es un derroche de fuerza. Implica que todos los actos de nuestra vida, desde atar un cordón de zapato, redactar una carta o sacar punta a un lápiz, deben hacerse con la fuerza del método, la precisión, la exactitud, el cuidado; en resumen, con la fuerza de la concentración. Cuando era un muchacho, estaba haciendo mi primer día de pala en las excavaciones de oro de California. Un viejo minero me dijo: "Joven, haces un trabajo demasiado duro con la pala: tienes que poner más mente en esa pala".

Reflexionando sobre este comentario, descubrí que para palear la tierra era necesaria la cooperación de la mente con el músculo; la mente para dar dirección al músculo; la mente para colocar la punta de la pala en el lugar en el que pudiera recoger la mayor cantidad de tierra con el menor gasto de fuerza; la mente para dar dirección a la tierra cuando era lanzada por la pala; y porciones infinitesimales de mente, por así decirlo, en el movimiento de cada músculo puesto en juego al palear. Descubrí que, cuanto más pensamiento ponía en la pala, mejor podía palear. El trabajo era cada vez menos parecido a un trabajo, más parecido a un juego, y más duraban mis fuerzas para palear. Descubrí que cuando mi pensamiento se desviaba hacia otras cosas (sin importar qué), pronto tenía menos fuerza y diversión en la tarea de palear, y más pronto se convertía en una tarea fastidiosa.

Cada pensamiento es una cosa y una fuerza hecha de sustancia invisible. El pensamiento consume una cierta cantidad de la fuerza del cuerpo. Estás trabajando y consumiendo esta fuerza incluso en lo que llamas tus "momentos más ociosos". Si, mientras realizas un acto con el cuerpo, estás pensando en otra cosa, estás desperdiciando tu fuerza y tu pensamiento. Antes de recoger un alfiler del suelo, en pensamiento envías desde ti la sustancia —un plan para recoger ese alfiler. Ese plan es fuerza. Diriges y utilizas esa fuerza en tu cuerpo, el instrumento para recoger el alfiler. No debes mezclar ese plan con otro para hacer cualquier otra cosa mientras el cuerpo está recogiendo ese alfiler. Si lo haces, estás enviando tu fuerza, o intentándolo, en dos direcciones a la vez. Mezclas y confundes el plan y la fuerza para un acto con el plan y la fuerza para otro.

Cada acto y pensamiento impaciente, por pequeño que sea, nos cuesta un gasto inútil de fuerza. Si alguna vez, cuando estés cansado de caminar, — es decir, de andar con las piernas mientras tu cerebro ha estado trabajando, recogiendo lana, o preocupándose, planeando e ideando—

si alejas todo ese pensamiento y pones toda tu mente, tu atención y tu fuerza en tus extremidades y en tus pies, te sorprenderá ver que tu fuerza regresa y desaparece tu fatiga. Porque cada acto físico cuesta un pensamiento, y cada pensamiento cuesta un cierto gasto de fuerza. Cada paso que das implica un plan para darle dirección a ese paso. El plan implica un gasto de pensamiento. El pensamiento implica un gasto de fuerza. Si piensas en otras cosas mientras caminas, estás gastando fuerza en dos direcciones a la vez.

¿Crees que un acróbata podría trepar tan fácilmente por una cuerda, si no pusiera toda su mente, además de su fuerza, en el acto? ¿o que un orador podría emocionar a un público, si se viera obligado a girar una rueda mientras habla? Sin embargo, en muchos de nuestros actos, ¿no nos agobiamos inconscientemente haciendo girar esa rueda, al pensar y planear una cosa, mientras hacemos o intentamos hacer otra? Si subes una colina y miras continuamente con impaciencia hacia la cima, deseando ya estar en ella, pronto te cansarás. Si en la imaginación estás cerca de la cima de esa colina, mientras tu cuerpo está cerca de la base, estás enviando tu fuerza de pensamiento a la cima de la colina, dejando solo lo suficiente en el pobre cuerpo atormentado para arrastrarlo fatigosamente hacia arriba. Si mantienes toda esa fuerza en ese cuerpo, y la concentras en cada paso, asciendes mucho más fácilmente, porque tu poder se concentra entonces en las partes de tu cuerpo (las piernas) que más necesitan ese poder. Cuando concentras toda tu fuerza en cada paso, haces que cada paso sea más fácil, obtienes un cierto placer de cada paso y te olvidas también de tu problema, que es el deseo impaciente de estar en la cima de la colina.

Esta ley es válida en todos los actos de la vida. ¿No te gustaría poder olvidar tus problemas, tu decepción, tu sensación de pérdida, mediante la concentración de todos tus pensamientos en otra cosa, y estar tan absorto en ella, disfrutándola, como para olvidar todo lo demás?

Esta es una posibilidad de la mente, y vale la pena esforzarse por conseguirla. Puede alcanzarse mediante la práctica de la concentración o, en otras palabras, poniendo toda la mente en la realización de las llamadas cosas triviales, y cada segundo empleado en dicha práctica nos acerca al resultado deseado. Cada esfuerzo nos aporta su átomo de ganancia en el aumento de poder para poner, ya sea todo nuestro volumen de poder, o solo la cantidad de poder necesaria para realizar el acto en cuestión. Este átomo de poder de concentración aumentado no se pierde nunca. Lo necesitas en cada momento de tu actividad diaria. Lo necesitas para evitar que tu mente se desvíe hacia otras cosas mientras manejas tus negocios.

¿Cuánto tiempo podemos concentrar todo nuestro pensamiento en un solo acto a la vez? ¿Puedes hacer tres nudos en una cuerda y poner todo tu pensamiento en el atado de esos tres nudos, sin dejar que intervenga ningún otro pensamiento? Quizá digas: "Puedo hacer un nudo igual de bien y pensar en muchas otras cosas". Posiblemente sí; pero ¿puedes hacer esos tres nudos y pensar solo en nudos? ¿o acaso tu mente ha caído en el hábito de desviarse y pensar en una docena de asuntos diferentes por minuto, hasta el punto de que has perdido la capacidad de concentrarte en una sola cosa durante diez segundos consecutivos?

No llames a esto trivial. Entrénate para obtener poder de concentración en la realización de cualquier acto, y entrénate para poner toda tu mente, pensamiento y fuerza en todos los actos. Entrénate para poner todo tu pensamiento en cada acto, y evita que ese pensamiento se desvíe hacia cualquier otra cosa. Así nos estamos entrenando para enviar la misma corriente completa de poder en nuestro discurso cuando hablamos, en nuestra habilidad cuando trabajamos con herramientas, en nuestra voz cuando cantamos, en nuestros dedos cuando se requiere cualquier trabajo de destreza, y en cualquier órgano o función de nuestro ser que deseemos ejercitar por el momento.

Tal vez pienses: "Bueno, eso no es más que otra forma de decir «ten cuidado»". Es cierto. Sin embargo, muchos no saben cómo ser cuidadosos o precisos. ¿Acaso no vemos todos los días a personas que apresuran sus piernas por la calle con la mínima fuerza, mientras sus mentes están planeando, deseando, trabajando, apresurándose muy por delante de ellos? No obstante, estas personas se preguntan por qué se olvidan, se preguntan por qué cometen tantos errores, se preguntan por qué muchos de los pequeños detalles de su negocio son molestos; o bien, siguen siendo tan molestos y nunca se despiertan lo suficiente como para preguntarse.

¿No es esto filosofía práctica y charla práctica? Puede que mañana tengas una entrevista difícil, sobre un asunto vital para tus intereses, con un hombre de negocios astuto y sagaz, que es fuerte tanto en voluntad como en conocimiento, que tiene poder, formas y medios para sobrepasarte, para confundirte, para engañarte, para asustarte. ¿No necesitas cada átomo disponible de tu fuerza para enfrentarte a él?

Cuando cultivamos este poder de concentrar toda nuestra fuerza en un solo acto, estamos cultivando también el poder de lanzar toda nuestra mente de un tema a otro. Eso significa, también, que podemos sacar toda nuestra mente de un problema hacia lo que puede resultar un deleite, y olvidar una pena en un alegre ejercicio. La pena, la pérdida, la decepción y el desánimo hieren y matan a muchas personas.

Podemos decirle a alguien que está afligido: "No deberías pensar en esto, en aquello o en lo otro". ¿Pero les decimos por qué medios pueden apartar su mente de su problema?

Los niños de mentes débiles y los retrasados, son deficientes en el poder de agarre con las manos. En cierta escuela de entrenamiento, se hace que tales niños agarren primero una barra por encima de sus cabezas con ambas manos, y se les hace subir de espaldas por un plano muy inclinado. A menudo se requieren muchas semanas de este ejercicio antes de que puedan hacerlo. La mente débil no tiene el poder de volcar todo su pensamiento o fuerza en la mano, y hacer un acto a la vez. Esta carencia puede darse en mayor o menor medida en todos los grados de mentes débiles.

Cada acto impaciente, por pequeño que sea, nos cuesta un desembolso inútil de fuerza física y mental, como cuando tiras y jalas del nudo duro; o cuando te lanzas con toda la fuerza de tu furia contra la puerta que está cerrada, y tratas de arrancar el pomo porque no se abre fácilmente.

Si hago girar una rueda con un brazo, después de un rato, agoto la fuerza de un conjunto de músculos. Si dejo de girarla con el brazo y la hago girar con un pedal, con el pie, descanso los músculos del brazo. Entonces se llenan de nuevo de fuerza y puedo, sin fatiga, volver a girar la rueda con ese brazo durante un rato. Una ley similar se aplica a todo tipo de esfuerzo mental. Digamos que estamos absortos en un determinado asunto, plan, proyecto, propósito: nos detenemos en él continuamente; no podemos dejar de pensar en ello. ¿Acaso así nos aclaramos? ¿No nos confundimos más con el pensamiento? ¿No estamos haciendo girar esa rueda con nuestro músculo mental (el cerebro) hasta que se agota, y solo se produce una y otra vez el mismo conjunto de pensamientos antiguos relativos al tema?

¿Qué se necesita? Descanso para este músculo cerebral. ¿Cómo? De una manera, concentrando toda la fuerza en otra cosa durante un tiempo ¿Has notado alguna vez que cuando estás muy fatigado, si te sientas a charlar una hora con un compañero agradable, te sientes descansado y, además, más descansado que si te hubieras quedado solo, aunque no hubieras tenido que hacer ningún tipo de esfuerzo? Esa charla te ha hecho descansar y recuperarte. No obstante, fue un gasto de fuerza. Todo tu pensamiento (tu fuerza) se vertió, por un momento, en el canal de esa conversación. Esa conversación te hizo pasar, por así decirlo, de una vía de pensamiento a otra. Nuestras organizaciones, hechas de forma admirable y maravillosa, se recuperan y reparan a sí mismas. Si se da descanso a cualquiera de sus departamentos, después de haber sido utilizado, inmediatamente se pone a trabajar en la reconstrucción, y eso con un material más fino y mejor que el anterior. La conversación demostró ser el medio para cambiarnos a la otra vía de pensamiento. ¿Podemos hacer lo mismo sin la ayuda de otro? ¿Podemos cambiar así toda nuestra cadena de pensamiento de un tema a otro, de un acto a otro? ¿Pasar de considerar cómo se construirá nuestra casa a sacar punta a un lápiz, sin permitir que entre un solo pensamiento sobre la casa mientras sacamos punta a ese lápiz? ¿Podemos sacar punta a un lápiz durante sesenta segundos consecutivos sin pensar en otra cosa? Si podemos, habremos hecho un gran avance en el poder de concentración, haciendo lo que tenemos que hacer con toda la fuerza necesaria y reservando la fuerza que no sea necesaria en el acto para otra cosa. Si podemos hacer esto, poseemos una parte del mayor poder del universo, no solo para hacernos cada vez más felices, sino también para hacer más y más de lo que tenemos que hacer, y hacerlo cada vez mejor. Entonces gobernamos nuestra mente. Nadie gobierna realmente hasta que se gobierna a sí mismo.

Si en una situación de angustia mental puedes concentrar todo tu pensamiento, aunque sea por un segundo, en el pinchazo de un alfiler en tu vestido, por ese segundo te habrás liberado de tu problema; en ese segundo habrás ganado un átomo de poder de concentración.

Estamos entonces en el camino hacia el dominio absoluto de nuestras mentes y estados de ánimo. En la actualidad, para muchos, es el estado de ánimo el que gobierna la mente. Somos como veletas, que se mueven con cada brisa que pasa. No estamos seguros de poder mantener un estado de ánimo alegre y de buen humor durante una hora. En cualquier momento puede convertirse en un estado de desánimo, abatimiento o irritación, a causa de un imprevisto, un individuo desagradable, una palabra poco amable de un amigo, un mensaje de un enemigo o incluso un pensamiento pasajero. Miles de personas estrían dichosas de poder olvidar lo que es desagradable. El hecho de pensar en ello, ya sea un problema de deudas, un problema de enemistad personal, un problema afectivo, un problema de cualquier tipo, debilita el cuerpo y la mente, y debilita el poder de la persona para resistir el problema. El pensamiento problemático es como el agua turbia. Lo que necesitas es el poder de detener esta agua turbia y dejar que entre el agua clara. El pensamiento preocupado, la mente atormentada por el desconcierto y la ansiedad, literalmente te desangra hasta la muerte de tus fuerzas. Ser capaz de olvidar, de volver el pensamiento a un estado de ánimo más alegre, es detener esta hemorragia y recuperar la fuerza.

Para resumir las ventajas que se derivan de fijar toda nuestra fuerza en la realización de un solo acto:

Primero, cuando un clavo ha sido clavado con toda la fuerza del cuidado, la exactitud y la precisión, es seguro que está bien clavado.

Segundo, al clavarlo, has descansado algunos o muchos otros departamentos, y así estás mejor preparado para ejercitarlos. Podrás cortar mejor una tabla en dos, si no has estado pensando en la tabla mientras clavabas el clavo. O si, mientras estás cosiendo, has tenido tu mente en esa costura, cortarás mejor la tela cuando llegue el momento de poner tu mente en las tijeras. Pero coser y "pensar en las tijeras", o cortar la tela y "pensar en la costura", es ponerse en el camino de los errores y las equivocaciones.

Tercero, concentrar toda la fuerza necesaria para clavar el clavo, empujar la aguja o manejar las tijeras, si lo has aplicado tan solo durante diez segundos, te ha proporcionado un mayor entrenamiento en el poder de la concentración y, además, ha añadido su granito de arena a tu reserva de esa cualidad.

Cuarto, ha aumentado tu capacidad de obtener placer en la realización de cualquier cosa, ya sea de la mente o del cuerpo. Poner la mente en el músculo, trae el placer del ejercicio del músculo. Es el secreto de toda gracia en el movimiento, de toda habilidad y destreza en la acción. El bailarín más elegante es aquel que pone tanto pensamiento en los músculos que va a utilizar, que se olvida de todo lo demás y se absorbe por completo en el acto y en la expresión del sentimiento o la emoción que conlleva.

Mediante este ejercicio, podemos aumentar continuamente nuestro poder mental, nuestro poder de ejecución, nuestra fuerza de voluntad, nuestra claridad mental. Hablamos del amor universal como la consumación de la felicidad. ¿Acaso el amor universal no debe extenderse a las cosas y a los actos, así como a las personas? y si hay algún acto que tiende a nuestro bien real, o al de otros, que me resulta molesto al hacerlo, ¿no estoy, por tanto, fuera del dominio del amor universal?

Estamos luchando contra el pecado: pero también podemos pecar cuando luchamos. Podemos pecar contra el cuerpo y la mente, incluso cuando todos sus esfuerzos son para el bien. Podemos abusar del cuerpo y del cerebro, incluso en la realización de un acto bondadoso, tanto como en la realización de uno perverso; y el castigo es el mismo. Tal vez digas: "Pero no puedo llevar a cabo esta idea al hacer cada cosa, tengo tantas cosas en casa que me apuran". Esto no supone ninguna diferencia en cuanto a los resultados. Las leyes de tu ser y del mío, no tienen en cuenta el número de cosas que nos apuran.

Pero cómo vamos a ganar el poder de concentrar el pensamiento en cada acto, si por años de hábito perjudicial inconsciente en la otra dirección, parece que lo hemos perdido por completo.

Reza por ello, deséalo, pídelo. La concentración es una cualidad: está en los elementos. Abre tu mente a ella, y gradualmente vendrá a ti. Piensa ocasionalmente, o a intervalos regulares, en la palabra "Concentración". Una palabra es el símbolo de un pensamiento. Si colocas tu mente en ese pensamiento, aunque solo sea por unos segundos, te conectas con la corriente de pensamiento concentrado o constructivo del universo y, de este modo, atraes el elemento deseado. Cada átomo o adición, así atraída, es una piedra más en los sólidos cimientos que estás colocando. Nunca puede perderse, aunque puede requerir tiempo antes de que esa base sea evidente para ti.

"Pide y recibirás, llama y se te abrirá".

Puedes pedir cuando estés detrás del mostrador. Puedes llamar cuando vayas por la calle. Puedes hacer una demanda genuina y provechosa en un segundo; y los segundos así empleados son los más provechosos. Si no traen el diamante completo, traen polvo de diamante; y es ese polvo el que construye la gema interior.

CAPÍTULO 7

CONSIDERA LOS LIRIOS

Quiero predicar un sermón para todos, del texto "Consideren los lirios del campo", porque no tiene nada desagradable para nadie. No es un sermón de amenaza o de advertencia, sino de esperanza. El mundo de hoy necesita más esperanza. Somos un montón de desesperanzados. Principalmente, porque en gran parte de la prédica pasada se nos ha dicho lo malos que somos, y lo que nos sucederá si seguimos con nuestra maldad. Se nos ha hablado muy poco de la gran bondad y el poder que tenemos en nosotros. En gran medida, hemos sido malos porque muchos ministros han pensado mal de nosotros, y nos han hecho pensar mal de nosotros mismos. Las personas que piensan mal de sí mismas es muy probable que lo hagan mal. Las Escrituras nos dicen: "Como un hombre o una mujer piensa, así es él o ella". Una persona que piensa mal de sí misma es la que se emborracha o hace algo malo. El orgullo que hace que una persona se valore a sí misma es el que evita los actos mezquinos y degradantes. Nuestra raza está ahora a punto de despertar al hecho de que cada hombre y cada mujer está en posesión de más poderes de los que ahora sueña, y que cuando sepan cómo utilizar estos poderes, abandonarán todo el mal para dirigirse hacia el bien. Un lirio, o cualquier otra planta o flor, crece y se embellece bajo las leyes del universo tanto como el hombre o la mujer; y un hombre o una mujer crece y ha crecido a través de innumerables edades bajo tales leyes, tanto como el lirio.

Es un gran error suponer que cualquier hombre o mujer con sentido común es el resultado de esta corta vida que vivimos aquí. Todos hemos vivido, posiblemente, en diversas formas —como animal, pájaro, serpiente, insecto, planta. Nuestro punto de partida de existencia en la materia ha sido arrastrado en el fondo del mar, incrustado en los icebergs y expulsado por los volcanes en medio del fuego, el humo y las cenizas. Ha sido sacudido en el océano y quizás ha permanecido durante siglos y siglos incrustado en el corazón de alguna montaña post-pliocena. Hemos ascendido y ascendido, a veces de una forma, a veces de otra, ganando siempre algo más de inteligencia, algo más de fuerza, con cada cambio, hasta que por fin estamos aquí, y aún no hemos llegado muy lejos. El lirio tiene una vida propia y una inteligencia propia. Puedes diferir conmigo aquí, y espero que lo hagas. La mayoría de la gente piensa que la inteligencia se limita a los seres humanos, y que todo lo que se parece a ella en un animal o una planta es "instinto", o algún otro nombre para nada en particular. Yo creo que la inteligencia es tan común como el aire, solo que en algunas formas de vida hay mucho más de ella que en otras. De todas las formas de vida de la tierra, el ser humano es el que tiene la mayor cantidad de este artículo en su interior. Es decir, tiene más del artículo que llamamos "pensamiento". El pensamiento es una sustancia altamente enrarecida y poderosa, que no es vista ni sentida por el sentido externo. Cuanto más de este artículo posea una persona, más vida hay en él o ella. Los pensadores viven más tiempo. Por pensadores no me refiero a las personas literarias o a los ratones de biblioteca —muchos de ellos no piensan en absoluto, viven de los pensamientos de los demás. Por pensadores, me refiero a aquellos que siempre están sacando un pensamiento fresco y original de sí mismos. Ese tipo de vida o de pensamiento (son términos intercambiables) renueva el cuerpo y la mente.

El lirio tiene la inteligencia suficiente para salir por sí mismo de la semilla cuando se pone en la tierra y es llamado por el sol a hacerlo, de la misma manera que un hombre o una mujer tiene la misma inteligencia (o debería tenerla) para salir al sol en un día agradable, y absorber la vida y la fuerza enviada por el sol. Los que no lo hacen, quienes permanecen la mayor parte del tiempo puertas adentro, como resultado de esto, son débiles y decolorados como las vides de patata que crecen en un sótano.

El lirio también tiene sentido suficiente para crecer hacia el sol. Si lo pones en una habitación, crecerá hacia la parte de la habitación donde entra la luz. Eso es simplemente porque quiere la luz: sabe que la necesita y sigue lo que necesita, porque sabe, o más bien siente, que la luz es buena para él. Nosotros buscamos el alimento precisamente por la misma razón, solo que a nuestra acción la llamamos el resultado de la inteligencia. A la acción de la planta la llamamos instinto. Una persona se acerca al fuego para calentarse porque siente que el fuego es bueno para ella. Es agradable sentirlo en un día frío. Un gato se recuesta al sol por la misma razón. Pero la persona llama a su sensación "inteligencia", y la sensación del gato o de la planta "instinto" ¿Dónde está la diferencia?.

Ahora, en lo que el lirio se adelanta a nosotros con su vida e inteligencia limitadas es que no se preocupa ni se inquieta por el mañana. No se desgasta. Toma del agua, del aire, del sol y de cualquier elemento que haya en ellos, solo lo que necesita para el minuto, la hora o el día, solo eso y nada más. No se pone a trabajar acumulando un suministro extra de agua o aire o sol para mañana, temiendo quedarse sin estos suministros, tal como nosotros nos esforzamos y desgastamos acumulando algunos dólares extra para evitar la pobreza que tememos. Si lo hiciera, emplearía toda su fuerza en acumular estas provisiones adicionales y nunca se convertiría en un lirio perfecto capaz de eclipsar a Salomón en toda su gloria.

Las túnicas de un lirio, una rosa o cualquier flor son de una belleza, una textura y una delicadeza que supera todo lo que el arte humano puede producir. Es una belleza viviente mientras vive. Nuestros finos encajes y sedas son relativamente de una belleza muerta. Comienzan a decaer o a desvanecerse tan pronto como se terminan. La belleza del lirio aumenta siempre hasta su punto más alto de floración. Una tela que mañana brillara con más intensidad que hoy, y que mostrara variaciones similares de textura, sería buscada con avidez, aunque solo durara quince días, y la gente extravagante, que realmente mantiene las fábricas en funcionamiento y el dinero en circulación, y paga lo mejor por las mejores cosas, la tendría. Si el lirio, con su limitada inteligencia, se preocupara y se inquietara por el temor de que el sol no brillara mañana, o de que no hubiera agua, o dinero en la casa, o patatas en el sótano, seguramente se convertiría en una flor abatida y desamparada. Gastaría la fuerza que necesita para tomar y asimilar los elementos que necesita para convertirse en un lirio. Si cualquier grado de mente o inteligencia se preocupa y asume cargas que exceden las necesidades del día, se privará del poder de atraer hacia sí lo que realmente necesita para el crecimiento, la salud, la fuerza y la prosperidad de hoy.

Esto lo digo literalmente y no en un sentido metafórico, alegórico o figurado. Quiero decir que, al igual que la limitada inteligencia del lirio, o la fuerza de la mente, si lo prefieres, cuando no está agobiada o abrumada por algo que concierne a mañana, atrae hacia sí los elementos que necesita para el día de hoy, así también las mentes humanas que no están agobiadas por el dolor o la ansiedad atraen hacia sí todo lo que se necesita para el momento. Las necesidades de la hora son las únicas necesidades reales. Tú necesitas el desayuno de hoy; no necesitas el desayuno de mañana. Sin embargo, nueve de cada diez personas se preocupan directa o indirectamente por el desayuno de mañana, y de esta forma disminuyen la fuerza necesaria para disfrutar, digerir y asimilar el desayuno de esta mañana.

Exactamente como el lirio, aliviado, sin cargas, sin preocupaciones, atrae de los elementos que lo rodean todo el poder para crecer y vestirse de belleza, exactamente así la mente humana aliviada y sin preocupaciones atrae hacia sí mil veces más de lo necesario para llevar a cabo sus planes y alcanzar su felicidad. Pierdes ese poder en el momento en que empiezas a preocuparte. Me refiero al poder para llevar a cabo cualquier tipo de negocio, desde predicar hasta barrer las calles. Toda persona de negocios sabe que está en las mejores condiciones para hacer negocios cuando su mente puede fijarse en un solo plan y excluir todo lo demás. Todo artista sabe que hace su mejor trabajo cuando su mente está totalmente fija, concentrada y absorta en el trabajo del minuto. Porque entonces es capaz de usar todo su poder y, además, está atrayendo hacia sí mismo más poder, y lo que está atrayendo lo está fijando para siempre.

Te escucho decir: «No puedo evitar preocuparme. Los tiempos son difíciles, los salarios bajos, la vida es costosa; la familia es numerosa, deben tener casa, comida y abrigo, y esto está en mi mente día y noche. Y tú hablas de no preocuparse en tales circunstancias. Es una tontería». Verás, amigo mío, he tratado de darte toda la fuerza para superar tu objeción. Si quieres, puedes llamarme con nombres duros. Pero debo decir que, también es una tontería decir que no puedes dejar de preocuparte, al menos por el momento. Eso no hace ninguna diferencia en cuanto al resultado: la pérdida de poder a través de la preocupación, el daño real a la salud, el debilitamiento de la mente a través de la preocupación, el envejecimiento del cuerpo y, lo que es peor, la pérdida o el corte de la fuerza de atracción de la mente, que, si se permite la libre operación como la del lirio, te daría todo lo que puedes disfrutar durante el día, porque solo puedes disfrutar de una cantidad durante el día, aunque tengas, o creas que tienes, diez mil veces más. Una persona solo puede comer y disfrutar de una cena a la vez, aunque tenga dinero suficiente para comprar mil.

Si estás en una multitud apresurada por el pánico, debes ir con el resto y tal vez ser aplastado. La vida que ahora viven miles de personas es como una multitud presa del pánico por el miedo a la carencia, o por el miedo a una u otra cosa. Cualquier miedo, por cualquier causa, trae consigo la pérdida de poder. No digo que la gente debería dejar de preocuparse. En mi diccionario no existe la palabra "debería". La gente no puede evitar preocuparse. El hábito nace con nosotros. Nuestros antepasados se han preocupado durante generaciones antes que nosotros. Pero eso no hace ninguna diferencia en cuanto a los resultados destructivos de "pensar en el mañana". La ley involucrada sigue funcionando. Es implacable en su funcionamiento. Es seguro que te atropellará y aplastará si te interpones en su camino, al igual que la locomotora si te pones adelante en la vía. La mejor manera es aprovechar la ley y ponerse en el lado correcto de la misma. ¿Cómo? Piensa en cosas optimistas en lugar de pesimistas. Piensa en el éxito en lugar del fracaso. El hábito de pensar en cosas negativas y desagradables está tan arraigado, que si comentas: «Hace un buen día», la mitad de los rezongones y gruñones dirán: «Sí, pero es un signo de mal tiempo». Tan cierto como que el universo se rige por una ley fija e inmutable, tan cierto será que esa ley diga: "Si piensas cosas brillantes, atraes cosas brillantes hacia ti. Si piensas cosas oscuras, cortas los cables invisibles con las cosas brillantes y haces una conexión instantánea con el circuito que atrae cosas oscuras". Quizás dices que esto es simple o infantil. Ahora, ¿qué es simple en este universo? El brote de una semilla es llamado por algunos una cosa simple. Pero nadie conoce la verdadera causa de su germinación. Solo se sabe que si la pones en el suelo, donde puede tener una cierta cantidad de calor del sol y un poco de humedad, brotará. El subir y bajar de la tapa de una tetera sobre el fuego dio a Watts su primera idea de la poderosa fuerza del vapor. Es decir, allí obtuvo su primer indicio de la fuerza del vapor o, más bien, del poder que hay detrás del vapor. Eso es el calor. Pero luego hay un poder detrás del calor. ¿Qué es eso? No lo sé. ¡Simplicidad, de hecho! ¿Qué hay en el mundo que sea tan simple?

CAPÍTULO 8

EL ARTE DEL ESTUDIO

Existe un arte del estudio. Cuando éramos jóvenes se nos decía que estudiáramos. Nunca se nos dijo cómo estudiar correctamente o, en otras palabras, cómo obtener ideas. Memorizar palabras, frases y reglas no es obtener ideas, es simplemente memorizar, es simplemente utilizar, ejercitar y entrenar esa parte de la mente que aprende a recordar sonidos. Si memorizas un gran número de palabras y frases, simplemente estás sobrecargando una parte o función de tu mente. Estás poniendo sobre ella una carga que llevar. Como si le dieras un nombre a cada tachuela de tu alfombra y pensaras que es tu deber recordar cada tachuela por su nombre, ¿tendrías tiempo o fuerzas para pensar en mucho más?

Las palabras no son ideas. Solo son los signos por los que, a través de los sentidos de la vista o del oído, una palabra impresa o hablada puede representar una idea para una mente. Una palabra o frase puede estar llena de significado o pensamiento para una persona y para otra puede no significar nada.

Cuanto más se compromete la memoria, mayor es la carga que se impone al departamento de memoria. ¿Cuántas cosas cotidianas puedes recordar fácilmente en el transcurso del día? Una docena de asuntos relacionados con los cuidados del hogar, mezclados con tus propios asuntos, acompañados de las estrictas órdenes de la Sra. A. de "no olvidarse", constituyen una carga que hay que llevar. Te inquieta, te desconcierta y te confunde. Este es el trato que reciben los niños en nuestro llamado sistema moderno de educación. Se les carga con mil "hechos", sobre los que se les dice que "puede ser útil que los conozcan". Esto es como enseñarles a disparar colocando una gran cantidad de rifles en su espalda. Puedes llevar los rifles toda la vida sin convertirte en un tirador.

La memoria solo es útil para sostener lo que capta el espíritu. Ninguna cantidad de "aprendizaje de libros" puede enseñar a una persona a navegar bien un barco. Debe educarse a sí mismo. A través de la práctica y de muchos fracasos, aprende que el timón debe mantenerse en una determinada posición para contrarrestar la fuerza del viento contra la vela, y su memoria por fin retiene lo que esa práctica le ha enseñado. Memorizar todas las instrucciones apropiadas no le ayudará ni un ápice. Por el contrario, si mientras aprende este arte se esfuerza por recordar las instrucciones, su mente y su fuerza estarán puestas en una frase y no en el asunto en cuestión, por lo que su aprendizaje se retrasará en lugar de avanzar. El recuerdo de lo que la memoria guarda a través del ejercicio enseña a la gente a conducir, a lanzar, a remar, a nadar, a patinar, a bailar, a pintar, a tallar, a tejer, a coser, a hacer todas las cosas. Pero no se aprende nada cuando se enseñan las reglas antes de la práctica. ¿Aprendiste a bailar memorizando primero las reglas para guiar tus pasos y tratando de recordarlas y seguirlas? No, primero recibiste la idea de alguien que sabía bailar. Absorbiste esa idea o pensamiento. Luego, una vez que tuviste el pensamiento, tu mente, tu yo invisible, enseñó gradualmente al cuerpo a moverse de acuerdo con el plan en la mente.

Para aprender rápidamente, toda persona debe aprender a ponerse en un determinado estado de ánimo. Es el estado de ánimo de la serenidad y el reposo. Es exactamente lo contrario del estado de ánimo en el que los niños suelen "estudiar" sus lecciones. "Estudiar" mucho, o "estudiar" con prisa, es un vano intento de forzar la memoria para hacer un determinado trabajo en un determinado tiempo.

Si quieres aprender cualquier arte, apréndelo a tu manera. Aprende de la manera que te sugiera tu inspiración. No te preocupes por lo que te digan sobre la necesidad de estar "bien cimentado" en ciertas reglas que deben enseñarte otros. Es cierto que debes estar "bien cimentado", pero eso es exactamente lo que tu espíritu puede enseñarte mejor y más rápidamente. El espíritu creará sus propias reglas. Si se le permite, encontrará nuevos y originales métodos. Las reglas ya hechas nunca enseñaron a Shakespeare, Byron, Burns o Napoleón. Ellos confiaron en su poder interno, en las sugerencias internas sobre los métodos. Cuando se obtienen resultados asombrosos, las personas lo llaman "genio", y luego se ponen inmediatamente a trabajar para enmarcar, a partir del método adoptado por el genio, un nuevo conjunto de grilletes para imponer a todos los sucesores en el mismo arte. El genio puede utilizar un determinado método como nosotros podemos utilizar una muleta. Cuando ha servido a su propósito, la desechamos para caminar con algo mejor. Los métodos del genio cambian constantemente. Napoleón revolucionó la ciencia militar. La suya era una mente que podría haber revolucionado sus propias tácticas. Solo el genio puede ver la insensatez de recorrer siempre el mismo camino, aunque él mismo haya hecho ese camino.

No te impacientes demasiado porque no aprendes o avanzas en ningún arte o vocación tan rápido como quisieras. No te inquietes mentalmente porque fracasa un intento tras otro. No tengas prisa. Cuando te sientas con el ánimo de apresurarte e inquietarte, ¡detente! Ese es el estado mental más opuesto al aprendizaje. Ese es el estado de ánimo que desperdicia tus fuerzas.

Puedes aprender cualquier cosa si tu mente se empeña persistentemente en ello. Entonces espera en paz. El arte vendrá a ti.

Si durante quince minutos o media hora al día te sientas con una caja de colores y te pones a jugar probando efectos de color, pintando un tono sobre otro, si tu deseo es pintar, verás como los cielos, las montañas y los bosques se presentan en esas alternancias de luz y sombra, al colocar una capa de color sobre otra. De repente, aparecerá una roca áspera y astillada a partir de una salpicadura de pintura. Se te sugerirá la facilidad con que se pueden simular los troncos de los árboles con unas pocas líneas rectas o curvas. Una salpicadura de azul servirá para representar un estanque o un lago, unas marcas verdes en su borde representarán arbustos; y, antes de que te des cuenta, habrá un paisaje que te parecerá más hermoso, con toda su crudeza, que la obra del mejor artista, porque es tu propia creación aparentemente accidental, tu propio hijo.

Este es el fundamento del arte. En esto tuvo su origen. A partir de esto creció. Una combinación aparentemente accidental de luz, sombra y color sugirió a alguna mente, hace años, la idea de representar así cosas familiares para el ojo en una superficie plana. De ahí surgió la idea de la perspectiva y de la representación de la superficie, redonda, plana o hendida, cercana o lejana; y todo nuevo alumno, con o sin maestro, debe comenzar donde lo hizo el primer pintor y seguir sus pasos. Así es en todo el arte.

Cuanto más libre sea la mente para seguir su propia enseñanza, su intuición, la guía del espíritu, mayor será la inspiración. En cambio, si se le imponen reglas hechas por otros, solo se producen imitadores y copistas. Una regla establecida, con una orden estricta al alumno de no transgredirla nunca, es un grillete, un obstáculo para avanzar hacia nuevos territorios de pensamiento e investigación.

El estado de ánimo para el estudio, es decir, para conocer los métodos y recordarlos, debe ser el estado de ánimo del reposo más perfecto que puedas alcanzar. No debe haber prisa, ni exaltación. Si te vuelves demasiado entusiasta ante un éxito repentino, un hallazgo de algo que has buscado durante mucho tiempo, ¡cuidado! o lo perderás temporalmente. No debe haber impulsos repentinos del cuerpo o de la mente, ni impaciencia por apresurarse en cualquier detalle que sea necesario. Si se rompe una herramienta que estás utilizando, o hay que mover una silla, o hay que limpiar el bolígrafo, hazlo como si fuera lo único que hay que hacer en el día. Mantén el cuerpo en un estado de reposo tan perfecto como sea posible. Sé indiferente en lugar de estar tenso o ansioso. Cuando tu cuerpo está en este estado de reposo, se encuentra en el estado más adecuado para ser utilizado como instrumento de la mente, o del espíritu. En ese momento está más gobernado por tu pensamiento, tu yo real, tu yo invisible, tu espíritu.

Cuando el cuerpo y la mente están en esta condición, cuando suspendes todas las facultades excepto las que están concentradas en el trabajo, o cuando tu mente está en estado receptivo, tu espíritu puede trabajar mejor por ti. Entonces puede alcanzar y traer de vuelta la idea, el efecto, el método, el plan y los medios para llevar a cabo ese plan. Mientras más tranquilo esté el cuerpo y más tranquila esté la mente, más pronto enseñará cómo se hará lo que deseas hacer. Al educarte en esta condición, te conviertes cada vez más en el medio a través del cual se pueden transmitir nuevas ideas. Entonces te conectas con las regiones más exaltadas de la mente o las corrientes de pensamiento, y recibes de su conocimiento e inspiración. Tu mente es entonces el lago tranquilo, el pozo claro, que refleja todo lo de arriba.

Estudias todos los días, a menudo, cuando menos crees que estás estudiando. Estudias mientras caminas por la calle tranquilamente, observando los rostros de la gente, y te interesas y te entretienes con ello. En ese momento aprendes cada vez más sobre las diferentes variedades de la naturaleza humana. Los hombres y las mujeres son entonces libros para ti. Los abres y los lees. Por la mirada de la gente, aprendes a reconocer en un instante cómo se sienten y cuál es su temperamento. Involuntariamente, clasificas a los hombres y a las mujeres, y los anotas en tu mente según sus características. Un ejemplar así reconocido sirve de prototipo para mil, para una raza. A este hombre no lo consideras un caballero, por la forma en que mira a una dama. Ves en esta mujer excesivamente vestida el bajo orgullo del simple dinero. Estás estudiando la naturaleza humana. El conocimiento de la naturaleza humana tiene un valor comercial en dólares y centavos. Cuando lo dominas, puedes saber en cinco segundos si puedes confiar en una persona o no. La confianza en las personas es la piedra angular de todo éxito empresarial. Incluso los ladrones deben confiar en sus cómplices para llevar a cabo con éxito un robo.

Napoleón logró sus grandes éxitos gracias a este conocimiento intuitivo y autodidacta de las personas, y de aquello para lo que estaban más capacitadas. Cristo eligió a los doce más aptos para recibir sus verdades y enseñarlas a los demás, mediante la misma intuición. La intuición se refiere a la enseñanza interior y al maestro interior. Este maestro reside en todos. Permítele un juego libre, y pide también al Espíritu infinito sabiduría, guía y

101

sugerencia, y se convertirá en genio, y en tu genio. El genio reconoce los diamantes en bruto, y las cualidades para el éxito en los hombres y las mujeres, tanto si externamente son tus pares o campesinos, cultos o incultos, según el estándar mundano de aprendizaje. El genio a veces puede hablar con mala gramática, sin embargo, puede remover montañas, construir ciudades y poner fajas ferroviarias y telegráficas alrededor de este planeta. La cultura puede escribir y hablar con elegancia, sin embargo, ser incapaz de remover un montículo de tierra. La cultura a menudo se esfuerza y pasa hambre con diez dólares a la semana en una oficina, como una simple herramienta de un genio inculto e inhumano, que gana mil dólares, mientras que la cultura gana diez.

El estado de ánimo de reposo, con la mente imperturbable y serena, es el estado de ánimo en el que se hacen toda clase de descubrimientos y se captan o reciben las ideas. Cuando el ojo que está al acecho, siempre tenso y ansioso, no alcanza a ver la vela lejana tan rápidamente como el que no la estaba buscando. El nombre de la persona que se escapa temporalmente de la memoria rara vez llega cuando nos "esforzamos" por recordarlo. Solo cuando dejamos de intentar acordarnos, el nombre viene a nosotros.

De hecho, este intento por recordar provoca un esfuerzo muscular inconsciente. Intentamos hacer trabajar nuestro cerebro. En este esfuerzo enviamos la sangre a la cabeza. Todo esto es un obstáculo para el espíritu. Ponemos su fuerza a trabajar de forma equivocada. Así se consigue amontonar obstáculos en lugar de quitarlos, porque cuanto más tranquilo se mantiene todo lo que pertenece al cuerpo, más fuerza se añade al espíritu para utilizar cualquiera de sus propios sentidos y funciones interiores para traernos lo que deseamos. Nuestros espíritus tienen sus propios y peculiares sentidos, distintos y separados de la vista, el oído, el olfato, el gusto y el tacto del cuerpo. Son más finos, más poderosos, de mayor alcance. Cuando tu sentido interior o espiritual de los sentimientos se entrena o sale de su actual letargo, puede sentir o comunicarse con el mismo sentido de otra persona, cuyo cuerpo está en Londres o Pekín, y posiblemente lo esté haciendo ahora continuamente, ya que puede haber un espíritu cuyo cuerpo esté ahora en Londres o Pekín, en más estrecha asociación, relación y compenetración con el tuyo, que cualquier otro espíritu del universo; y con ese espíritu puedes estar ahora en comunicación diariamente y cada hora, a través de este sentido interno y de mayor alcance que descarta la idea de distancia tal como interpretamos esa palabra.

El beneficio de no trabajar en exceso ni sobrecargar demasiado el cuerpo se demuestra en todos los asuntos cotidianos de la vida. La persona con más éxito en los negocios es la que tiene la cabeza más fría, el ser autosuficiente, que ha aprendido intuitivamente a mantener su cuerpo libre de fatiga, para que su espíritu pueda trabajar. Sin embargo, es posible que esa persona no sepa que tiene un espíritu, o más bien, un poder y un sentido que sale de su cuerpo y le trae planes proyectos e ideas ingeniosas para su mundo de obtención y ganancia. Como los poderes espirituales pueden utilizarse para todo tipo de fines, no se utiliza ningún otro poder. La ley espiritual funciona tanto en interés del oficio como por un motivo superior. Pero cuando el motivo superior llega a reconocer este poder y a utilizarlo inteligentemente, siempre dominará el mayor poder, el pensamiento más agudo y el genio más elevado.

El esfuerzo exitoso en cada fase de la vida proviene del ejercicio de este poder. Es "ser guiado por el espíritu". Si has perdido el camino, lo encontrarás mucho más rápido si vas despacio, manteniendo así el espíritu concentrado, en lugar de apresurar el cuerpo de un lado a otro, sin objetivo ni meta. El cazador experimentado se pone en este estado de ánimo y se pasea por el bosque, mientras que el inexperto, presuroso por la expectación, recorre kilómetros y no ve ninguna presa. En ambos casos, cuando el cuerpo se vuelve de alguna manera indiferente, un cierto poder, un sentido no reconocido, sale y encuentra por ti tu camino. Encuentra la caza del cazador. Hay una gran verdad en el hecho de ser "guiado por el espíritu"; y se aplica a todos los grados de espíritu y consiguiente motivo, ya sea alto o bajo, amable o cruel, gentil o severo.

En ocasiones, y sin saber por qué, te encuentras en un estado espiritual autosuficiente, satisfecho y contento. Eres capaz de caminar tranquilamente. No tienes prisa. No te asalta ningún deseo descontrolado o inconquistable. Te sientes en paz con todo el mundo. Te has olvidado de tus enemigos, de tus preocupaciones, de tus ansiedades. En ese momento es cuando más disfrutas de los bosques, de los cielos, de la multitud que pasa a tu alrededor. En ese momento, cuando te entretienes con ellos, es cuando más los estudias. Observas peculiaridades de la persona y de los modales que, en otras ocasiones, se te escaparían. Tu mente tranquila e imperturbable constantemente recibe impresiones agradables y vívidas. Desearías que esos estados de ánimo pudieran durar siempre. Y así puede ser. Este es el estado de ánimo que nace del espíritu concentrado. Tu espíritu está concentrado en un estado de reposo. Mantiene su fuerza en reserva, gastando solo lo suficiente para mover tu cuerpo.

Cuando estamos en este estado, absorbemos el pensamiento. Absorber el pensamiento es absorber la fuerza duradera. Pero si, en el acto de dicha absorción, algo nos molesta o nos apura, este poder de absorción del pensamiento se destruye instantáneamente. Nuestro espíritu deja entonces de ser la mano abierta que recibe las ideas. Se convierte en un puño cerrado. Entonces es combativo. Se dirige directamente a lo que le molesta o le apresura, y se irrita y se altera por ello. Cuando decimos "se dirige", nos referimos a que nuestro pensamiento, como elemento, literalmente va hacia el lugar al que nos apresuramos o hacia la persona que nos molesta. Es algo real que sale. Es nuestra fuerza, tanto del cuerpo como de la mente, la que constantemente nos abandona. Dejamos entonces de estudiar. El reposo y la serenidad de la mente significan una condición de permanente estudio y, con ello, una continua obtención de fuerzas. Podemos disciplinarnos para lograr ese reposo, hasta que acompañe e impregne todos nuestros esfuerzos, de modo que descansemos mientras trabajamos.

Este es el estado mental adecuado para estudiar, trabajar o divertirse. Estas tres cosas no deberían significar más que una: diversión. Sin este estado de ánimo, nada puede disfrutarse realmente; con su cultivo, todo se vuelve cada vez más agradable. Es el estado de ánimo de construcción. Nuestras fuerzas invisibles se reúnen entonces: se reúnen de tal manera que pueden volcar toda su fuerza sobre cualquier cosa en un momento dado. Es el estado de ánimo con el que quieres entrar en la oficina del hombre duro y arrogante que se propone aplastarte con una mirada. Si te mantienes en este estado de ánimo, serás más que su igual. Él sentirá tu poder antes de que hables. Es el estado mental que necesitas para tratar con el comerciante astuto, que te hace sentir, por su forma de actuar, que espera que compres algo, lo desees o no, y generalmente consigue que lo hagas. Estas personas te imponen su fuerza de pensamiento con este fin. Son hipnotizadores comerciales. Su control hipnótico es tan genuino como el que se muestra en las exposiciones públicas. Puede que no lo reconozcan en esta forma, sin embargo, lo ejercen sobre sus clientes, inconscientes de la ley por la que trabajan.

En este estado de ánimo, el espíritu se convierte en un imán. A medida que sus fuerzas son atraídas hacia un centro, su poder de atraer hacia ti las ideas se hace mayor. Este poder aumentará continuamente mediante el ejercicio. Si siempre estás atrayendo ideas, estás atrayendo cada vez más poder; estás atrayendo nuevos planes, proyectos e invenciones; estás agudizando todas tus facultades para cualquier tipo de trabajo o negocio. Tu espíritu así reunido es un poder, ya sea para resistir o para atraer la fuerza.

El problema de muchos de nosotros, los estudiantes, es que queremos aprender demasiado rápido. Tenemos poco conocimiento del poder que realmente nos trae todo lo que conseguimos, el poder que sale de nosotros cuando las demás facultades se suspenden temporalmente, y no solo nos trae ideas, sino que enseña a los músculos cómo llevar a cabo las ideas. La nueva invención llega a la mente que la origina cuando se encuentra en este estado, no cuando la mente está esforzándose por su plan. Es más fácil hacer un círculo perfecto en un papel con la pluma o el lápiz cuando lo haces ociosamente y te importa poco si tienes éxito o no, que si estás temblando de ansiedad por hacerlo. Cuando estás libre de esa ansiedad, tu verdadero poder tiene la oportunidad de actuar. Ese es el poder del espíritu. Aquel que arroja a los vientos todo pensamiento de éxito o fracaso es el que tiene más probabilidades de llevar a cabo el acto audaz ante el que otros se acobardan o, si lo intentan, lo hacen con un enorme temor al fracaso, el cual es confundido con el cuidado. El mejor piloto que atraviesa los violentos rápidos es aquel que tiene el poder de olvidar todo peligro y distinguir solo los obstáculos. Su espíritu se posesiona entonces de su verdadero ser. La posesión de sí mismo significa el poder del espíritu para poseer y controlar el cuerpo, su instrumento. La falta de ella implica que el espíritu poco instruido, el verdadero yo, se imagina que no es más que el cuerpo que maneja. Es como si el carpintero pensara que él es solo una sierra o un martillo. La posesión de sí mismo se olvida por completo del cuerpo cuando lo utiliza. Solo piensa en el uso. Mientras utiliza su sierra, el carpintero no está pensando continuamente en el instrumento. Su pensamiento está en el músculo entrenado que dirige la herramienta.

CAPÍTULO 9

BENEFICIOS Y PÉRDIDAS EN LAS ASOCIACIONES

El pensamiento, al ser una sustancia invisible, es absorbido por todos. Si absorbes el pensamiento de otra persona, éste se mezcla con el tuyo. Entonces, en parte, si no en su totalidad, pensarás el pensamiento de esa persona. Hasta cierto punto, verás, sentirás, juzgarás y te formarás una opinión, como lo hace esa persona. En mayor o menor medida, te verás influido por esa persona. Su pensamiento o espíritu se ha mezclado con el tuyo. Entonces no eres completamente tú mismo. Eres en parte esa otra persona.

Se trata de un poder hipnótico lanzado sobre ti, como el que lanza el hipnotizador sobre su sujeto. Funciona según la misma ley. Si te relacionas mucho con otra persona, rara vez estás solo y ves a pocas personas, estarás constantemente absorbiendo el pensamiento de esa persona. Si tiene un motivo y un refinamiento superior al tuyo, te beneficiarás de él. Si el motivo, el gusto y el refinamiento son inferiores a los tuyos, te perjudicará. Tu gusto, tu refinamiento, tu motivo y tu juicio también estarán teñidos por el pensamiento de la persona inferior. Es así como "las malas relaciones corrompen las buenas costumbres". Por esta causa, puedes ver mentalmente con mucha agudeza en una dirección y muy ciegamente en otra.

Estar estrechamente asociado con una persona que piensa gran parte del tiempo su pensamiento inferior, es para ti absorber este pensamiento. Entonces, imaginas que los puntos de vista que adoptas y las opiniones que te formas son tuyas. No son totalmente tuyas. Si dejaras la asociación de esa persona durante un tiempo, descubrirías que muchas de tus antiguas opiniones cambian, porque entonces estarías fuera del alcance del pensamiento inferior y menos claro de esa persona.

Estar mucho tiempo con una persona sombría o despreciable, o con alguien irritable o que se enoja fácilmente, o cínico, o escéptico, o que tiene algún tipo de pensamiento malo o perjudicial, es dañino para ti. Por muy seguro, decidido y valiente que seas, seguirás absorbiendo parte de su abatimiento, indecisión o cobardía, y te verás afectado por ello. Será un obstáculo para tu juicio. Será una sobrecarga de pensamiento cobarde o indeciso que pondrá a prueba tu valor o resolución. Cualquiera que sea la cualidad maligna del pensamiento de esa persona, te infectará en mayor o menor medida con esa cualidad.

No tienes que dejarte influenciar, dominar o controlar por el pensamiento de otro, si sinceramente deseas no hacerlo. Tal deseo es una oración. La oración es la petición de tu espíritu de liberarse de todo lo que pueda paralizar su poder y su felicidad. El poder y la felicidad significan lo mismo. El poder significa la capacidad de alejar todo lo que te molesta. Poder significa la capacidad de mantener tu mente en el estado de ánimo o en el marco de la felicidad. Cuando se adquiere ese poder, cuando gobiernas tu estado de ánimo y no permites que el estado de ánimo te gobierne a ti, todas las cosas del plano material de la vida se moldearán y vendrán a ti de acuerdo con tu estado de ánimo. La ley de las correspondencias entre las cosas espirituales y materiales es maravillosamente exacta en su funcionamiento. Las personas que se rigen por el estado de ánimo sombrío atraen hacia ellas cosas sombrías. Las personas siempre desanimadas y abatidas no tienen éxito en nada y solo viven agobiando a los demás. Los esperanzados, confiados y alegres atraen los elementos del éxito. El patio delantero o trasero de una persona mostrará cuál es su estado mental predominante, por la forma en que se mantiene. Una mujer en su casa muestra su estado mental en su vestimenta. Una mujer que se viste con harapos muestra el estado mental predominante de la desesperanza, la despreocupación y la falta de organización. Los harapos, las hilachas y la suciedad están siempre en la mente antes de estar en el cuerpo. El pensamiento que más se emite atrae a su elemento visible correspondiente para que se cristalice a su alrededor, tan segura y literalmente como el trozo de cobre visible en la solución atrae el cobre invisible de esa solución. Una mente siempre esperanzada, confiada, valiente y determinada en su propósito, y que se mantiene en ese propósito, atrae hacia sí, por medio de los elementos, cosas y poderes favorables a ese propósito.

Si piensas en la corrupción, engendrarás la corrupción en tu cuerpo. Tendrás llagas o furúnculos o erupciones, o alguna enfermedad procedente de la "mala sangre", que es la verdadera causa de toda enfermedad. La sangre se vuelve impura por la impureza del espíritu. El espíritu es la vida de la sangre. El espíritu es tu pensamiento. Lo que piensas, proviene de tu espíritu. Lo que piensas, lo estás construyendo siempre en tu espíritu. El pensamiento impuro o corrupto significa mucho más que el pensamiento licencioso. Significa también el pensamiento desagradable y de odio, o la aversión a los demás. Significa el pensamiento de ganancia, a cualquier costo de los demás. Significa todo pensamiento de inquietud, desaliento, desánimo y desesperanza. Significa una pena prolongada por alguna pérdida. Significa cualquier pensamiento que pese sobre el espíritu. Lo que pesa sobre el espíritu, siempre perjudicará al cuerpo. Afligirse por la pérdida de un amigo, le "hundirá a uno", al igual que lo que se llama específicamente "prácticas inmorales". El daño causado al cuerpo puede ser igual de grande. Por tanto, el pecado es igual de grande. Las personas que se preocupan son grandes pecadores. Crean un espíritu de inquietud. Están solidificando su inquietud en un hábito del que cada vez es más difícil desprenderse. Esto destroza el cuerpo y acabará por matarlo. Por tanto, estas personas son tan culpables como la víctima de alguna desagradable enfermedad causada por el denominado vicio. Cualquier hábito que perjudique es un vicio. Es cierto que algunas enfermedades son más respetables que otras. La tuberculosis suena mejor que el delirium tremens. Pero ambos matan el cuerpo. Ambos provienen de la transgresión de la ley. Ambos son penas que se pagan por dicha transgresión.

Cada uno de tus pensamientos tiene un valor literal para ti en todos los sentidos posibles. La fuerza de tu cuerpo, la fuerza de tu mente, tu éxito en los negocios y el placer que tu compañía proporciona a los demás, dependen de la naturaleza de tus pensamientos. Cada uno de tus pensamientos es una parte de ti mismo. Es sentido por los demás como una parte de ti mismo. No es necesario que siempre estés hablando para ser una compañía agradable. Si tus pensamientos son agradables, los que están cerca de ti los sentirán de forma agradable. No es necesario que siempre estés hablando para que te sientan desagradable. Tu pensamiento desagradable también se sentirá. El "magnetismo" de una persona es su pensamiento. El poder o la influencia magnética es simplemente el pensamiento que sienten los demás. Si tu pensamiento es abatido, lúgubre, envidioso, criticón y cínico, repele. Si es alegre, esperanzado y lleno de un deseo sincero de hacer el mayor bien posible a cualquier persona con la que te encuentres, aunque solo sea por un solo minuto, atrae.

Demasiada asociación con alguien de pensamiento inferior puede disminuir nuestro poder natural de atracción. Es posible que lleves contigo una parte de su pensamiento egoísta, cínico, sombrío o de otro tipo de maldad, dondequiera que vayas. Lo apagas con el tuyo. Esto es sentido como una aleación desagradable con los tuyos.

Para los demás, tu valor y tu encanto como compañía dependen mucho más de lo que piensas que de lo que dices. Si tu pensamiento es puro, limpio, brillante, seguro y valiente, eres un valor y un incremento de valor, dondequiera que vayas. La gente siempre se alegrará de verte. Cuando te llevas a ti mismo (tu pensamiento), aportas un placer real a la gente. También les aportas poder y fuerza. Tu pensamiento les ayuda a fortalecer sus cuerpos. Se sienten mejor al verte. Eres como una fuente de salud y placer dondequiera que vayas. Puedes desarmar al temperamento más agrio y a la persona más opuesta a ti. Cuando puedas decir en tu mente: "Me niego a considerar a alguna persona como mi enemigo", no tendrás enemigos. Cuando hablamos de "tener enemigos" y, en el pensamiento, seguimos mirando a ciertas personas como enemigos, los estamos convirtiendo en enemigos, porque esas personas sienten esa orden de pensamiento que proviene de nosotros. Es un elemento que fluye de ti hacia ellos. Les afecta de forma desagradable. En cambio, si envías el pensamiento: "No soy tu enemigo. No deseo tener un sentimiento desagradable hacia ti. Quiero apreciarte como a mí", pronto sentirá este pensamiento. No podrá resistir su poder. El pensamiento del bien es siempre más fuerte que el del mal. Es una ley de la naturaleza.

La piedra angular del poder y el encanto del pensamiento de una persona, expresado en palabras, es esto: "Quiero ayudarte en todo lo que pueda. Quiero ayudar a fortalecerte. Quiero ayudarte a mejorar tu salud, a mejorar tus negocios, a llegar al lugar al que realmente perteneces, a la posición en la que tus talentos pueden brillar más". Si este pensamiento es sincero, tiene un poder inmenso. Siempre estará atrayendo más poder hacia ti, porque toda la buena voluntad adicional que atraes y sujetas a ti, proveniente de las demás personas, es un riachuelo de vida adicional e invisible que alimenta el tuyo. Es un riachuelo de sustancia, aunque no se vea, tan real como los elementos que sí vemos. La buena voluntad de los demás es un pensamiento constructivo. Nos ayuda a construirnos. Es buena para tu cuerpo. Hace que tu sangre sea más pura, que tus músculos sean más fuertes y que toda tu forma sea más simétrica. Es el verdadero "elixir de la vida". Cuanto más de este pensamiento atraigas hacia ti, más vida tendrás. Por lo tanto, atraes los mejores elementos de todos aquellos con los que te asocias. Si envías un orden de pensamiento contrario, atraes desde ellos los elementos venenosos y destructivos. Estos dañarán tu cuerpo. De esta forma, las personas son literalmente odiadas hasta la muerte. La mala voluntad de muchas personas fijada en un solo individuo, puede dañar la salud de ese individuo. No obstante, si se opone con el pensamiento de la buena voluntad y el deseo de hacer justicia, que siempre debe acompañar a la buena voluntad, no puede perjudicar a nadie. Nada puede oponerse a ella con éxito. Si persistes en el pensamiento de buena voluntad hacia todos, te estás conectando con el elemento de pensamiento de orden superior y más poderoso. En ese momento estás recibiendo de ese pensamiento procedente de las mentes y de un mundo de mayor poder que el que ahora puedes conocer aquí. Te estás conectando con un mundo que no hace más que construir, cuyos habitantes son dioses en el poder y cuyas creaciones realizadas a voluntad van más allá de nuestros sueños más increíbles. Todo lo que la llamada fábula o la fantasía han concebido son realidades en los mundos superiores de la mente. Mediante el pensamiento de buena intención hacia todos, te conectas con ese mundo y recibes su poderoso pensamiento. Entonces estás absolutamente protegido contra todos los enemigos.

Esto no es un mito del sentimiento. Pertenece al mismo sistema de leyes por el que el sol da calor, los vientos soplan, las mareas se mueven, la semilla crece. Sea cual sea el estado de ánimo en el que pongas tu mente, tu espíritu recibe de la sustancia invisible en correspondencia con ese estado de ánimo. Es tanto una ley química como una ley espiritual. La química no se limita a los elementos que vemos. Los elementos que no vemos con el ojo físico son diez mil veces más numerosos que los que vemos. El mandato de Cristo: "Haz el bien a los que te odian" se basa en un hecho científico y en una ley natural. Hacer el bien, es traer hacia ti todos los elementos en la naturaleza del poder y del bien. Hacer el mal, es traer los elementos destructivos contrarios. Cuando nuestros ojos se abran, la autoconservación nos hará detener todo mal pensamiento. Los que viven por el odio morirán por el odio; es decir, "los que usan la espada, morirán por la espada". Todo mal pensamiento es como una espada desenvainada sobre la persona a la que se dirige. Si a cambio se desenvaina una espada, tanto peor para ambos.

Cristo controló los elementos mediante el poder de su propio pensamiento y su conexión con el mundo del pensamiento más elevado y poderoso. Como el pensamiento es una sustancia, cuando es muy poderoso, puede concentrarse tanto como para hacerse visible en formas físicas. Fue el pensamiento de Cristo, y el poder así ejercido, lo que causó el llamado milagro de los panes y los peces, y todos los demás.

Una vez, cuando una mujer tocó el borde del manto de Cristo para ser curada, éste dijo: "¿Quién me ha tocado? La virtud ha salido de mí". Se trataba de una mujer llena de malos pensamientos. Cristo sintió inmediatamente la contaminación de su pensamiento. Para él era como un veneno. Al mezclarse con el suyo, lo contaminó por un momento, disminuyendo su poder para controlar los elementos. Al decir que la virtud había salido de él, quería decir que el poder había salido de él.

El espíritu de Cristo era tan puro y sensible como para sentir inmediatamente el contacto con cualquier orden de mal pensamiento.

Tu poder para sentir la naturaleza de las personas es siempre proporcional a la ausencia de todo mal pensamiento. La pureza significa poder. El acero es a la vez la pureza del hierro y el poder del hierro. El espíritu altamente refinado procede del pensamiento más puro, y es el pensamiento más poderoso. Cristo sintió la mala naturaleza de la mujer y sus efectos. Pero, conociendo las leyes, se deshizo del mal mediante su pensamiento más poderoso de buena voluntad hacia ella. Así lo habría hecho si se hubiera visto obligado a permanecer mucho tiempo en asociación con ella. Él no habría permanecido allí salvo por algún propósito especial; porque el poder de resistencia que se habría visto obligado a emplear para alejar los efectos negativos del pensamiento de ella, podría haberse empleado con mucho más provecho en otras direcciones. Si tu pensamiento es el superior, puede haber muchas personas a las que solo puedes hacer una cierta cantidad de bien a través de la asociación. Solo pueden recibir una pequeña cantidad de tu pensamiento. Ellas devuelven a cambio y tú absorbes una gran cantidad de su pensamiento inferior. Es como si les dieras oro y te devolvieran hierro. Puede que obtengas de ellos más hierro del que te conviene. Les das una gran cantidad de oro que no pueden absorber. De este modo, ambos se perjudican.

Por lo tanto, colaborarás más allí donde tu pensamiento sea más apreciado y también utilizado. Entonces ambos se benefician mental y físicamente. No estarán "unidos en yugo desigual".

Si tu pensamiento superior se limita a entretener a las personas, y éstas no obtienen ningún bien de él, salvo un placer momentáneo, puede que seas útil para ellas y ellas para ti. Pero la utilidad es relativamente pequeña. Puede que te valoren más como un entretenimiento, y poco como una utilidad. Si mejoran muy lentamente a través del pensamiento absorbido de ti, no puedes permitirte una asociación muy estrecha con ellos. Son tus relaciones espirituales lejanas.

Si mejoran rápidamente a través de tu asociación, si toman la verdad que les das y tratan de actuar y vivir de acuerdo con ella, puedes permanecer más tiempo cerca de ellos. Son tus relaciones espirituales cercanas. Si mejoran muy rápidamente, con esa mejora, hacen una cierta vida o cualidad de pensamiento peculiarmente suya. Esto será absorbido como alimento y fuerza para ti. Entonces estarás dando y recibiendo con ventaja.

Si el tuyo es el pensamiento superior, pueden llegar temporadas en las que el otro necesite algún tiempo para asimilar lo que le has dado. Puede haber entonces ciertos periodos de separación.

Ambos, al volver a reunirse, serán mejores y más fuertes por dicha separación. Entonces se reúnen para darse mutuamente los nuevos elementos de pensamiento reunidos en otro lugar. No hay separaciones eternas para aquellos que están construyendo sus espíritus de elementos de pensamiento similares. Se acercan cada vez más. Se construyen en el corazón del otro. Siempre se enriquecen mutuamente. Se separan con la certeza de volver a encontrarse. Se encontrarán solo para descubrir más y más en el otro. Descubren que la ley que al principio les parecía tan dura, severa y cruel, es solo una fuente y un medio para la paz y la felicidad permanente.

LA ESCLAVITUD DEL MIEDO

La forma de esclavitud más común, aunque más desconocida, es aquella en la que eres dominado por el pensamiento alrededor de ti. Puedes ser un empleado de otra persona. Haces todo lo posible por ganar tu dinero. Eres diligente y deseas merecer tu sueldo. Sin embargo, tienes un miedo continuo a no dar una completa satisfacción, o a que te despidan. Vives con el temor continuo de llegar a la miseria, si te despiden, o de verte obligado a continuar esta simple lucha por la existencia del cuerpo en condiciones aún más duras.

La razón de estos pensamientos desagradables es que alguna otra mente está actuando sobre la tuya. Alguien es hostil a ti. Sientes ese pensamiento hostil. Este pensamiento no es una "noción" de tu parte. Hoy en día hay muchas personas que viven bajo el control de mentes indecisas y que, en su opinión, dependen de ellas para subsistir. Pueden dar a esa mente indecisa gran parte de su propia inspiración, diseño de planes, invención y creatividad. Pueden darlo inconscientemente. Porque, vale la pena repetirlo muchas veces: "El pensamiento es sustancia, y es absorbido de una mente a otra".

La persona dominada puede tener la mente superior. Dicha persona puede ser indispensable para el empleador vacilante, y posiblemente injusto y tiránico. Si se retirara, ese empleador sentiría que le han quitado un puntal. Sin embargo, esa mente superior puede seguir, año tras año, en la esclavitud; dando su idea al otro, y viéndola solo realizada a medias o imperfectamente.

Ningún grillete es tan pesado como éstos. Encadenan el espíritu. En tal posición no estás haciendo tu propio trabajo. No estás llevando a cabo tu propio diseño. Puedes estar intentando hacer el trabajo de otro, cuando esa otra persona no tiene una idea clara del trabajo que quiere hacer por sí misma.

Este es uno de los duros precios que se pagan por la dependencia. Si no tienes otra visión de la vida, salvo la de ser un sirviente, o un ayudante a sueldo, deberás pagar en mayor o menor medida esta pena. Te resultará realmente menos costoso y menos doloroso iniciar algún negocio propio, por pequeño que sea el comienzo. Entonces, tendrás que asumir responsabilidades. Si temes asumirlas, siempre serás un esclavo. Si sabes que eres el cerebro de cualquier negocio, aunque no la cabeza aparente, exige un precio justo por tu trabajo. ¿Qué temes? Si te llevas tu cerebro, ¿el negocio continuará con éxito? Si sientes que te roban, eres igual de culpable que el que te roba, si te quedas dócilmente viendo cómo te roban.

Trabajar y vivir con miedo al hospicio, es estar en el hospicio. No te sentirías tan pobre si realmente estuvieras allí. Vivir con ese miedo continuo, daña la mente y el cuerpo. Cualquier cosa que perturbe la mente, ciertamente dañará el cuerpo de alguna manera.

No puedes tener tu pensamiento más claro mientras estés esclavizado por el miedo. El pensamiento claro y el plan tienen un valor en dólares y centavos.

Si caes bajo el control de un orden mental de veleta, indeciso y cambiante, si absorbes el pensamiento de una mente así, tú mismo serás indeciso y cambiante. Afectarás a los que acudan a ti en busca de órdenes, sea cual sea el trabajo, como te afecta a ti mismo. Si tu empleador no sabe exactamente lo que quiere, tú no sabrás exactamente lo que quieres de los demás. Así como se ven afectados los que están bajo tu mando, o dependen de alguna manera de ti, a su vez, ellos afectarán a aquellos con los que tratan. Si el jefe de una organización, o de un negocio, o de un movimiento, es caprichoso, voluble e inseguro, habrá incertidumbre e insatisfacción en toda su línea de control. Nunca podrás satisfacer a una persona así, porque esa persona nunca está satisfecha consigo misma.

Si no puedes averiguar lo que realmente se quiere de ti, comunícalo. No intentes hacer las cosas, cuando ellos mismos no saben lo que quieren o necesitan hacer.

Sigue tu propio plan. Si ves una buena razón para cualquier paso, cualquier detalle, por muy trivial que sea, no te dejes convencer por otro. El reino de la mente está lleno de tiranos. Quieren salirse con la suya, simplemente por amor al poder. Muy posiblemente no son conscientes de su propio motivo. En mayor o menor medida, todos nosotros podemos ser tales tiranos.

Puedes pedir información de forma beneficiosa a muchos. Puedes pedir con confianza una opinión, sobre todo respecto a tus propios propósitos, a muy pocos. Los más reflexivos, considerados y justos son los más cuidadosos a la hora de dar su opinión. Además, se preocupan de decirte que lo que dicen no es más que su opinión. La ignorancia, la presunción y la injusticia están llenas de declaraciones dogmáticas. La ignorancia habla como se siente en ese momento. No confundas este tipo de declaraciones con información. Si lo haces, absorberás ese pensamiento engreído, ese prejuicio. Entonces serás gobernado por esa mente. De este modo, puedes abandonar lo que hubiera sido más provechoso para ti.

Si sientes que eres superior y te dejas dominar o influenciar de algún modo por una mente inferior, estás paralizando tu propio éxito. Desvirtúas gravemente los planes relativos a tu bienestar de esa orden de inteligencia invisible que más puede ayudarte. Pones en marcha un orden de fuerzas contrario al de ellas. Al hacerlo, les obligas a dejar de ayudarte. No trabajarán para ti, cuando vean que su trabajo es desechado.

En el momento en que permites que el pensamiento de otro te influya, en contra de tu propia convicción, sentimiento o intuición, en ese momento pierdes tu mejor pensamiento. Empiezas a pensar en parte con el cerebro de la otra persona. Entonces puedes empezar a pensar con cerebros inferiores al tuyo en cuanto a motivos, juicio, visión de futuro, gusto y criterio. Has enlodado tu propio intelecto más claro con una corriente turbia.

La persona que te está influenciando de este modo tiene consigo un grupo invisible de mentes como la suya. En el momento en que le entregas tu pensamiento, tal vez inconscientemente, dejas que todos los que le siguen también se acerquen a ti, te sigan y te influencien. Y lo que es peor, te impedirán el acceso a tus propios y mejores consejeros invisibles. Porque éstos pueden ser fácilmente alejados por este medio. No se alejan voluntariamente, pero su poder con respecto a ti puede ser limitado. Ese poder depende de la actitud mental que mantengas hacia ellos. Por eso, si deseas ser todo tú mismo, pide el más sabio y mejor consejo en este esfuerzo por ser tú mismo, y lo obtendrás. Mantén esta petición. Al final alejará cualquier seguidor inferior invisible.

Tus propios amigos invisibles superiores pueden ayudarte, de hecho, te ayudarán, en tu esfuerzo por ser tú mismo. Pueden y te ofrecerán oportunidades en tu camino, en cualquier campo de actividad en el que desees trabajar. No pueden trabajar para ti de esta manera, mientras estés absorbiendo hoy el pensamiento de alguna mente inferior, y actuándolo, y quizás mañana el pensamiento de otra y actuándolo.

Si quieres que te construyan un barco, no se lo encargas a un constructor de barcos hoy y a un constructor de barcazas mañana. Sin embargo, en cuanto a los efectos, ésta es la condición de muchas mentes impresionables. Ignorantes o gobernados por el pensamiento de otros, construyen según un plan hoy y otro mañana.

No puedes expresar una opinión incómoda en un círculo de amigos, mientras tengas miedo de que ese comentario te haga perder un amigo. Si tienes ese miedo (y es el momento y el lugar para decir esa verdad), y ese miedo te impide decirla, estarás bajo el dominio de la mente de ese amigo. Valoras más una amistad que una verdad. Intercambias una verdad por la buena voluntad de una persona. Entonces, ya no eres libre ni independiente. Quizá inconscientemente, esa persona te está dominando. Pero, al dominarte, no te respeta ni te valora tanto por estar bajo su dominio. En la naturaleza humana hay un amor y un respeto inherentes a lo que es libre.

El miedo paraliza el espíritu y enferma el cuerpo. El miedo está en todas partes, miedo a la necesidad, miedo a la inanición, miedo a la opinión pública, miedo a la opinión privada, miedo a que lo que tenemos hoy no sea nuestro mañana, miedo a la enfermedad, miedo a la muerte. El miedo se ha convertido en un hábito fijo para millones de personas. El pensamiento está en todas partes. El pensamiento es lanzado sobre nosotros desde todas las direcciones. El miedo hace al tirano. Convierte al dueño despiadado en acreedor inexorable. El hombre rico dice: "Me temo que, si no exijo mis rentas o cuotas, no podré seguir disfrutando de la manía de amontonar millones, que no me hacen ningún bien, salvo la idea de poseerlos". Su agente dice: "Temo que, si no obedezco las rígidas órdenes de mi patrón, y cobro sus rentas y cuotas, no podré vivir". Porque el agente tiene el miedo del hombre rico arrojado sobre él. Absorbe de él ese pensamiento. Piensa el miedo del cerebro del hombre rico. El agente debe cobrar la renta del editor o del ministro. Les trasmite el miedo que ha captado del hombre rico. Ellos se contagian. El editor dice: "No puedo publicar esta verdad". El ministro dice: "No puedo predicar eso". "Los lectores y los oyentes se irían, y entonces ¿dónde estaría el dinero para pagar nuestras rentas?". Este pensamiento del miedo y de la sustancia real invisible, tan real como cualquier otro elemento de la naturaleza, gotea y se escurre de esta manera desde la mente del hombre rico, hasta el pobre inquilino de la buhardilla o del cuarto, y termina con el ladrón, que dice: "También temo morir de hambre". Mete la mano directamente en el bolsillo de su prójimo y saca unas monedas. No hay diferencia, salvo en el método, entre su acto y el del espíritu dominante.

Alguien que comienza a aprender un arte, dice: "Temo la crítica de los demás sobre mis métodos imperfectos en ese arte. Temo el ridículo". Entonces, ellos te gobiernan. Nunca avanzarás tan rápido como cuando no te importa lo que digan los demás. Por tanto, lo más aconsejable es deshacerse del miedo. Es la fuente real de la pobreza de riqueza y de la pobreza de salud. Vivir en continuo temor, en continuo acobardamiento, en continuo miedo a cualquier cosa, ya sea la pérdida del amor, la pérdida del dinero, la pérdida de la posición o de la situación, es tomar el medio más rápido para perder lo que se teme perder.

¿Acaso te ayuda a pagar una deuda tener miedo del acreedor cuando no hay dinero en tu cartera? ¿Te ayuda a ganarte la vida estar siempre con miedo a las carencias? ¿Te ayuda a la salud temer la enfermedad? No, te debilita en todos los sentidos.

¿Cómo podemos librarnos del miedo y del dominio que ejercen sobre nosotros otras mentes paralizadas por el miedo? Ataca en la mente lo que temes. Comienza viéndote a ti mismo en la mente como valiente. Mírate a ti mismo, en lo que llamas imaginación, como desafiando tranquilamente lo que temes, ya sea un hombre o una mujer, ya sea una deuda o una posibilidad temida. Lo que te imaginas en la mente es una realidad. Tal pensamiento te dará fuerza. Pide más valor. Pídelo. Reza por ello, y la cualidad del coraje te llegará cada vez más, y lo que llega nunca se puede perder.

CAPÍTULO 11

¿QUÉ SON LOS DONES ESPIRITUALES?

En el universo existe un solo espíritu, un solo poder, una sola fuerza, pero sus diferentes manifestaciones o canales de actuación son innumerables. Mueve la brisa, el océano, la avalancha y la tierra en su órbita. Hace crecer la semilla, hace florecer la planta, hace colorear la flor con matices inimitables. Colorea el plumaje del pájaro y da fuerza a su ala. Actúa en el instinto o razón inferior del animal. Su máxima expresión conocida está en el ser humano, porque en él se concentra la mayor parte de esta fuerza. En otras órdenes invisibles del ser está concentrado, en cuanto a volumen y poder, y variedades de poder, tan por encima del ser humano, como éste lo está por encima del topo.

Hay un don espiritual que, cuando los asuntos parecen oscuros y confusos, cuando las deudas apremian, cuando los amigos parecen desaparecer, y los negocios también, mantiene tu mente en un estado de ánimo tan optimista y alegre como cuando el éxito brilla sobre ti; y cuando tienes este don o, en otras palabras, has llegado a tener el poder de mantener continuamente ese estado de ánimo, tú ordenas el éxito, y debes tenerlo, porque entonces la fuerza silenciosa de tu mente es sentida por otras mentes decididas, ya sea que tu cuerpo esté dormido o despierto, y las mantiene interesadas en ti y trabajando de alguna manera a tu favor. Cuando mantienes así el estado de ánimo de la confianza y la determinación, estás conectado espiritualmente, o mediante un elemento invisible, con todas las demás mentes confiadas, decididas y emprendedoras. Te conviertes en una parte de esa mente, dándole tu propia fuerza y recibiendo su fuerza a cambio, y entonces, con ellos, avanzas hacia el éxito.

La perspicacia en los negocios es un don o poder espiritual. Implica una cierta facultad empresarial profética que sabe cuándo comprar, cómo comprar y cuándo vender. Implica el conocimiento de la naturaleza humana, de conocer, o más bien sentir, la honestidad y la deshonestidad casi de un vistazo. Tienes un sentido que siente el pensamiento de los demás y, mediante ese sentimiento, te da a conocer si su pensamiento es bueno o malo, del mismo modo que por tu sentido del tacto físico, conoces la diferencia entre una superficie rugosa y una lisa. Es un poder espiritual en los negocios que aprende a economizar el tiempo y la fuerza, y así lograr tanto en una hora como otros pueden lograr en un día. Todo gran éxito en los negocios se consigue mediante el ejercicio de un poder espiritual. El poder espiritual se utiliza para todos los fines, y es el único poder que se utiliza. Se puede utilizar en un plano de motivo elevado o inferior.

La espiritualidad no es vivir en sueños, ni vivir en las nubes, ni tener un rostro pálido y un aire lánguido, como si las cosas de esta tierra estuvieran por debajo de su seria consideración y fueran más bien soportadas que disfrutadas. La espiritualidad significa la mayor agudeza del intelecto, la mayor perspicacia, la mayor cantidad de espíritu o poder reunido en una persona, y el gasto más sabio de ese poder. Significa la mayor capacidad de gobierno, tanto si se ejerce en el pequeño imperio de un hogar, como en el mayor imperio de una nación. Los dones espirituales significan todos los talentos, todos los poderes y todos los métodos para utilizar esos poderes.

Es un don espiritual el que descubre las propiedades curativas de las plantas, las raíces y las hierbas. Toda la naturaleza expresada en sustancia, vista por el ojo físico, es también una expresión de la mente o de la fuerza; cada planta tiene su tipo o cualidad peculiar de esa fuerza y, cuando se aplica, puede ayudar al espíritu individual a expulsar la enfermedad. Pero todas las cosas visibles son expresiones de la forma inferior o relativamente más cruda de la mente o el espíritu y, por lo tanto, tienen un poder limitado. Cuando se aplica cualquier remedio material, la dependencia principal no debe ser en ese remedio, sino en el poder de la mente y, sobre todo, de la propia mente o fuerza, para sacar al cuerpo del alcance de la enfermedad. Utilizo la ropa en mi cuerpo, como una aplicación externa de lana o algodón para proteger ese cuerpo del frío. Pero creo en el poder de la mente para resistir el frío y estar cómodo con mucha menos ropa que la que lleva el promedio. Tu espíritu puede alcanzar ese poder gradualmente. No hay razón que justifique que disminuya la cantidad de ropa en tiempo de frío, antes de que haya alcanzado o reunido esa cantidad de fuerza que resistirá el frío. Si creo que una medicina ayudará a la fuerza que tengo para curar el cuerpo o, en otras palabras, que añadirá su fuerza espiritual peculiar a mi propia fuerza espiritual, para actuar sobre el cuerpo, entonces es mejor tomarla. Pero, por esa razón, no debo acudir a una píldora o a un estimulante a la primera señal de dolor o debilidad, sino que debo recurrir primero a mi fuerza espiritual o mental, y en todos los casos confiar primero y último en ella. El don de la sanación del pensamiento es un don espiritual. Pertenece a todos en la medida en que su flujo permanente de pensamiento sea puro, alegre, decidido, vigoroso, firme y abundante en buena voluntad hacia los demás. Ese orden de pensamiento enviado a una persona enferma es un elemento o fuerza real, y tiene poder para dar fuerza a esa persona. Si le das fuerza de una fuente tan sana como el pensamiento sano, expulsas la enfermedad o el malestar del cuerpo. Tu propio pensamiento sano, ayudado por el pensamiento sano de los demás, es una sustancia real y tiene el poder de fortalecer cualquier órgano que esté adolorido o inflamado, y que se esté desgastando por falta de algún elemento necesario para él.

Todo dolor se debe a una ausencia de elemento vital en la parte afectada. Entonces carece de poder para enviar la sangre a través de esa parte. La sangre se acumula y se estanca allí. A esto se le llama inflamación. La sangre no es la verdadera vida del cuerpo, sino solo el conductor de su verdadera vida invisible o espíritu y, cuando ésta falta, el conductor o mensajero de esta vida no tiene poder para viajar. Se acumula en algún lugar, y el esfuerzo del espíritu para sacarlo de ese lugar es demasiada fuerza concentrada en ese lugar u órgano, lo que provoca el malestar o el dolor; y el malestar o el dolor implica que la fuerza invisible o el espíritu ya no está distribuido por igual en todo el cuerpo, sino que actúa en exceso en una parte del mismo, en cuyo caso todos los demás órganos o partes sienten la falta de esta fuerza y, en consecuencia, se debilitan.

El pensamiento sano puede reanimar y dar fuerza a los cuerpos enfermos; y esa es la razón por la que, si estás enfermo, te sientes mucho mejor con la visita de una persona alegre, esperanzada y vigorosa. Una persona así entrega y tú recibes de ella, en el pensamiento absorbes el elemento de vida. Si las personas y los amigos que se encuentran cerca de los lechos de los enfermos y en las casas de éstos, intentaran al menos que su pensamiento fuera esperanzador, fuerte, alegre; si tuvieran en cuenta que el espíritu del enfermo es tan fuerte como siempre y que los dolores solo se producen debido al esfuerzo del espíritu por recuperar la posesión completa de su instrumento, el cuerpo, entonces enviarían a ese espíritu un pensamiento esperanzador y alentador, le enviarían un verdadero elemento fortalecedor y así ayudarían a que el cuerpo se recuperara. De este modo, estarían utilizando su poder espiritual para ayudar a otro espíritu a reparar un cuerpo dañado. Por el contrario, si todos los que están alrededor de la cama del enfermo están tristes, abatidos y desesperanzados, envían un pensamiento o una orden de fuerza de abatimiento al espíritu que lucha y hacen que su trabajo sea aún más pesado. Utilizan su poder espiritual combinado para hacer que la lucha del espíritu sea aún más dura. Entonces, si diez, o veinte, o mil, o cien mil amigos del enfermo que están afuera, lejos y cerca, también están abatidos y desesperanzados en cuanto a la condición de esa persona, porque alguien ha dicho que no hay esperanza y que la enfermedad es incurable, ayudan a aumentar el volumen del pensamiento abatido que actúa sobre el espíritu de ese paciente. Trabajan su poder espiritual en la dirección equivocada, y ese poder es siempre mayor para bien o para mal, para la vida o la muerte del cuerpo de esa persona, en proporción al número de mentes que envían su fuerza o pensamiento al paciente.

El don de la sanación puede y debe utilizarse de forma cooperativa. Por lo tanto, si cuando el cuerpo de cualquier espíritu fuerte y valioso fuera abatido por la enfermedad, todas las mentes dirigieran sobre esa persona una corriente de pensamiento esperanzador y vigorizante, un pensamiento lleno de esperanza de vida en lugar de esperanza de muerte, y desearan también que, cuando el espíritu volviera a controlar su cuerpo, conociera la causa de su enfermedad y así estar en guardia contra cualquier repetición de la misma, pronto habría vidas valiosas más largas, y el vigor de la mente y el cuerpo se prolongaría hasta períodos que el mundo actual no sueña.

Esa será la "oración de fe"; y la "oración de fe restaurará al enfermo", es decir, la fe en el poder de una determinada cualidad del elemento del pensamiento para aportar fuerza, y reparar un cuerpo desgastado, o estropeado o tenso, y en elemento real invisible construirlo de nuevo. Ese es el poder de Dios, o el espíritu infinito del bien, que trabaja en nosotros y a través de nosotros para sanarnos a nosotros mismos y a los demás; y este poder está destinado a ser adquirido por todos nosotros en esta u otra existencia, de modo que siempre mantendrá nuestros cuerpos en buen estado, libres de dolor y cada vez más llenos de vida y vigor. Hará que nuestras mentes estén tan sanas como nuestros cuerpos, y completamente libres de la desesperanza, la melancolía, el abatimiento o el desánimo, o cualquier otra forma de enfermedad mental. Este resultado final está implícito en el dicho de que: "Dios enjugará todas lágrima de sus ojos".

El mundo está avanzando constantemente hacia este resultado, y la ciencia médica hace cada vez menos uso de los medicamentos, en comparación con el pasado, porque las personas son más sabias de lo que creen y se alejan cada vez más de la dependencia total de lo material, para apoyarse inconscientemente cada vez más en los elementos invisibles o espirituales de la Naturaleza. Muchos médicos de hoy en día, de mente brillante, esperanzada, alegre y decidida, deben su exitosa práctica tanto a la corriente de pensamiento fuerte, esperanzada, alegre y vigorosa que envía a la persona enferma, como a las medicinas que le da.

Hay dos tipos de médicos. Uno cuida los malestares del paciente, el otro cuida el cuerpo del paciente; uno mantiene el malestar vivo, el otro hace que el cuerpo esté vivo; uno mantiene el malestar en el cuerpo, el otro lo saca del cuerpo. Ambos médicos ejercen su don espiritual sobre el paciente, pero de manera muy diferente y con resultados diferentes.

Es un poder o don espiritual el que, cuando has formado un plan o propósito en tu mente, hace que te mantengas en él y no te dejes llevar, influir, persuadir, tentar, burlar o ridiculizar por los demás. Si has resuelto ser alguien, ya sea en el arte o en los negocios, más grande y superior de lo que ahora les parece a los demás, esto te mantendrá en esa resolución. El hombre o la mujer que alcanza el éxito, en su mente o en su imaginación, debe vivir, moverse, pensar y actuar siempre como si hubiera obtenido ese éxito, o nunca lo obtendrá. Los auténticos reyes o reinas en el imperio de la mente pensarán tan bien de sí mismos y se valorarán tanto, cuando se vean obligados temporalmente a ocupar lo que el mundo llama un lugar humilde, como si estuvieran en sus tronos. Quienes estén a su alrededor y sientan este pensamiento de autoapreciación, siempre les rendirán el respeto que les corresponde. Tales reyes y reinas gravitarán siempre, por la fuerza de su don espiritual, hacia cualquier posición en la cima o cerca de ella a la que pertenecen. Lo harán a través de la fuerza silenciosa de la mente, o del estado de ánimo tranquilo de la resolución firmemente sostenida, más que por cualquier uso del cuerpo. El cuerpo debe usarse solo cuando la fuerza espiritual o la visión clara ve el asunto correcto, el momento correcto y el lugar correcto, en el que se puede utilizar, al igual que el carpintero utiliza su sierra cuando ha medido y decidido lo que va a cortar con ella. Si aserrara tablas indiscriminadamente, lo desperdiciaría todo y no construiría nada, y eso es lo que hacen miles de personas con su cuerpo. Ponen su fuerza en cosas pequeñas, se preocupan por cosas pequeñas; y cuando su esfuerzo ha barrido durante toda una mañana hasta el último átomo de polvo de los rincones de la habitación, ha fregado el fondo de todas las cacerolas, ha estado preocupado durante una hora porque la carta que esperaba no ha llegado, ha pasado otra hora sobre un escritorio lleno de papeles para encontrar otra carta que no sirve para nada, ¿qué ha conseguido él o ella sino malgastar su fuerza o su poder espiritual por nada?

Debes ser lo que más vives en el pensamiento, ya que es tu pensamiento el que atrae su correspondencia material hacia ti. Si en tu mente te empequeñeces ante el talento de los demás, o ante su estilo de vida más grandioso, o te sientes sobrecogido por sus pretensiones hasta llegar a una especie de humildad envidiosa, o a esa autodesvalorización pecaminosa que siempre dice: "Nunca podré estar ahí", pones la mayor de las barreras para estar ahí. Considera siempre las mejores cosas que el mundo puede dar como si fueran tuyas, no las casas, los carros y las ropas más finas de los demás como tuyas, sino otras cosas similares cuando te las ganes; y puedes ganarlas y tenerlas, si tienes suficiente fe en la ley espiritual o en la condición de la mente que trae estas cosas, y que es la única fuerza que realmente se las trae a alguien.

No está mal poseer y disfrutar de las mejores cosas de esta tierra. Es una necesidad y un beneficio que todos tus gustos más finos tengan lo que piden. Pero hay métodos justos e injustos para conseguir los bienes de la tierra. En otras palabras, hay métodos sabios y métodos insensatos para conseguir lo que necesitamos. La injusticia no es más que otra palabra para referirse a la ignorancia, o a la falta de sabiduría. No caerás por un precipicio a plena luz del día, es muy probable que lo hagas en la oscuridad. De la misma manera, cuando veas más claramente no cometerás ningún acto que te perjudique o que no sea beneficioso de alguna manera. No es un beneficio, sino un perjuicio para ti, vivir en un tugurio, o llevar ropas andrajosas, o comer alimentos inferiores, o verte obligado a vivir entre gente grosera y vulgar. Cristo nunca predicó que fuera un deber vivir pobremente. Sí predicó que había que ir sin bolsa ni alforja, y vender los bienes y dar a los pobres; y al hacer esto, infirió esa perfecta fe en el cultivo de ese estado mental u orden de pensamiento que traería todas las cosas según fueran necesarias. En esencia, dijo: "Busca primero poner tu mente, tanto como puedas, en la línea de correspondencia y conexión con Dios, o la fuerza infinita del bien; y cuando hagas esto, te llegará tu parte, y una parte cada vez mayor, de poder espiritual, que te traerá casa y tierras". Y no veo ninguna razón por la que no deban incluirse casas, carros, vestimentas, y todo lo que mejor pueda complacer a la vista o al oído, o a cualquiera de los sentidos. El esplendor no degrada. Si lo hiciera, nos perjudicaría contemplar una magnífica puesta de sol. Si eres uno con Dios, o con el poder infinito e incognoscible que gobierna el universo ilimitado, entonces estás en la línea del más alto poder espiritual. Entonces no puedes ser un indigente en ningún sentido, como tampoco lo es Dios. Cuando se busca con diligencia, este poder infinito da "buenas cosas a los que le piden"; y las "buenas cosas" no son ni pan mohoso, ni ropa deteriorada, ni casas arruinadas.

La profecía es un don espiritual, y existen muchas más personas que tienen el don de la profecía sin darse cuenta de ello. Tu espíritu, tu ser superior, tiene el poder de darte impresiones sobre los métodos adecuados para hacer negocios. A veces te advierte, en tu primera reunión con las personas, que hay en ellas algún defecto de carácter contra el que debes estar en guardia. Si ignoras esto, tu propia autoprofecía, y te dejas dominar completamente por el consejo o el miedo de los demás, descubrirás que te sientes reprimido o abatido, y que no tienes ni la libertad ni la independencia de vida que tendrías, y tendrás, cuando aprendas a confiar en tu propia intuición, tu maestro interno, el único maestro fiable que tendrás en esta o en cualquier otra existencia, porque ese maestro es tu propia parte y relación con Dios, o el poder infinito del bien; y cuanto más se cultive, más claro lo verás y más hará por ti. Cuando los hombres o las mujeres creen en sí mismos y han aprendido a confiar en su propio poder para hacer cualquier cosa y, aunque aceptan la ayuda de los demás, la consideran siempre secundaria con respecto a su propio poder para impulsar las cosas, significa que han aprendido que son realmente partes del Poder Infinito y que, como partes, tienen en mayor o menor medida las cualidades de ese poder para hacer, para lograr, cualquier cosa que se propongan.

Todas las mentes son profetas para sí mismas y en su propio territorio, o lo serían si las profecías no fueran tan despreciadas y el maestro interno tan a menudo descartado, de modo que, al final, tu propio profeta puede perder el poder de dirigirte correctamente; y puedes dar todo el honor a alguien que te está dirigiendo mal.

Tu mente o espíritu vive por delante de tu vida o sentido terrenal o material. Con sus sentidos superiores más finos, en un tiempo inconcebiblemente corto, puede hacer cosas, ver cosas y, en un elemento más fino, vivir en cosas o resultados realizados, los cuales también debe realizar aquí, en el estrato más burdo de la vida, y con los sentidos físicos más burdos y toscos. Existe este mundo físico real que nos rodea, y existe también un mundo invisible de elemento invisible cerca de nosotros, que en todos los aspectos es el tipo exacto del mundo del pensamiento, o ideal de cada individuo. Los mundos de dos individuos que viven en la misma casa y que se reúnen diariamente en la misma mesa, pueden ser tan diferentes como el mundo del trópico del de la zona ártica. Cada acontecimiento en tu mundo visible, que en cuanto a tu entorno y forma de vida es una consecuencia de tu pensamiento, está precedido por un acontecimiento similar en tu mundo invisible; y es el ojo espiritual de la profecía el que ve ese acontecimiento en el mundo espiritual a veces épocas, a veces años, antes de que ocurra aquí. Puede verlo tanto para otro como para sí mismo. Por esta razón, hay ocasiones en las que, al hacer una cosa, tienes un repentino destello de pensamiento de que, en algún lugar y en algún momento, estuviste haciendo la misma cosa antes, precisamente en circunstancias similares. Estás llevando a cabo en lo físico lo que ya has realizado en el reino espiritual, con tu cuerpo espiritual y entre los cuerpos espirituales de las personas que quizá no conozcas en ese momento físicamente, pero que ibas a conocer físicamente en el futuro. Si consideras los impulsos y las profecías de tu propio espíritu como vanas fantasías o desvaríos, o te guías en gran medida por las opiniones de los demás, no impedirás que se produzca el acontecimiento o la fase más feliz de la vida que has de realizar en el futuro, si no en ésta, en alguna otra existencia física. Pero haces que se retrase su llegada. Puedes hacer que tu inevitable felicidad futura se retrase por muchas causas, pero nunca puedes hacer que se destruya su posibilidad. El "tú" de hoy puede utilizar otro cuerpo dentro de cien años, y el "tú" de dentro de cien años, sin duda, tendrá más poder que el "tú" de hoy. Habrá un momento en el que cada espíritu alcanzará un cierto poder, en el que será capaz de mirar a través, o, mejor dicho, será capaz de recordar todas sus existencias físicas pasadas, desde la más baja hasta la más elevada actualmente, y verlas todas como una sola vida. Los diferentes cuerpos que has utilizado durante todas estas vidas son análogos a los diferentes trajes que usas en esta vida terrestre.

El origen de todas las cosas y de todos los acontecimientos no está en este mundo, sino en su mundo espiritual. Las cosas aquí en lo material son como las sombras de lo real, que está en lo espiritual, y como sombras relativamente inferiores. A medida que el mundo espiritual avanza, nosotros captamos el impulso y la inspiración de ese avance. Es nuestro mundo espiritual el que enciende todas las cosas en la vida aquí y las construye aquí, al igual que el sol material nos envía ese elemento que enciende la vida, la planta, el animal y el ser humano; y así como el elemento solar, a través de miríadas de edades, se ha ido haciendo cada vez más fino y como resultado ha ido construyendo las plantas, los animales y el ser humano en formas más finas, así también el elemento o poder espiritual que actúa en este planeta, se vuelve cada vez más fino y poderoso.

CAPÍTULO 12

EL PROCESO DE REENCARNACIÓN

El hecho de que una persona pueda obtener tal control mesmérico sobre otra como para absorber por completo su identidad y hacer que el individuo operado se someta durante un tiempo a la voluntad del operador, viendo exactamente lo que éste desea que vea, saboreando lo que quiere que saboree y siendo, en la imaginación, cualquier cosa que desee que sea, es una clave y una piedra angular para llegar al misterio de la reencarnación, por el que un espíritu es conducido a otra vida en la tierra olvidando por completo su existencia o identidad pasada, al igual que el sujeto bajo el control del hipnotizador, durante un período, es totalmente inconsciente de su propio ser y existencia individual.

Un mortal puede hipnotizar a un espíritu, y esto puede hacerse inconscientemente. Una mujer, antes y después de la concepción, puede pensar mucho en algún personaje real o ideal, y esto puede atraer hacia ella ese mismo personaje en la vida espiritual. No hay ideales en el sentido mundano. El ideal en el pensamiento representa algún tipo vivo en el espíritu. El carácter más elevado que eres capaz de concebir tiene un representante en espíritu, pero tu concepción actual más elevada puede ser relativamente imperfecta. Por lo tanto, tu héroe, tu ideal, la realidad actual en la vida espiritual que te atrae, puede estar todavía incompleta, y tu incompletitud te ciega a sus defectos.

Un espíritu así puede ser atraído por una mujer antes de que nazca su hijo. Puede ser el espíritu de alguien que fue muy destacado en la vida terrenal. Puede haber sido un poeta, un filósofo, un guerrero, un estadista, un gran artista. Ese espíritu puede ser muy infeliz. Puede estar buscando el descanso y no encontrarlo. Por su imperfección, es posible que no pueda acercarse a aquellos que eran muy queridos en la vida de su antiguo cuerpo. En la tierra, los espíritus que se encuentran en el cuerpo pueden estar aparentemente en estrecha asociación. Por lo tanto, es posible que uno inflija mucho y el otro lo soporte. Una parte de la naturaleza del marido puede ser dura, insensible, desconsiderada y tiránica, mientras que la esposa es siempre amable, considerada y poco exigente. En la vida espiritual no pueden volver a unirse hasta que se hayan curado los defectos de uno u otro lado. Los espíritus no pueden entrar en una asociación estrecha y permanente a menos que su relación sea real. No se puede pretender.

La mujer que piensa mucho en alguna persona en la vida de espíritu atrae a ese espíritu y le da el único descanso que puede encontrar. Naturalmente, le gustará estar donde se le admire mucho y se le haga sentir como en casa. Como es natural, a ti te gusta estar donde te admiren y te hagan sentir como en casa. Lo mismo ocurre con el espíritu. Cuando mantienes algún espíritu en el pensamiento de la apreciación y la admiración, cuando lees sobre su vida o te interesas por sus actos o declaraciones, y te emocionas con ellos, a menudo te emocionas por la presencia de ese mismo espíritu. Porque, como le has enviado tu pensamiento o espíritu, él envía el suyo a cambio, en respuesta al tuyo, y en proporción a la intensidad de tu admiración será la concentración de ese espíritu sobre el tuyo y la cercanía de su presencia.

El espíritu en cuestión, así atraído por la mujer en el período del que hablamos, y que no puede encontrar otro descanso, mediante tal concentración de interés, finalmente puede quedar absolutamente hipnotizado por ella, aunque inconscientemente. Se apega permanentemente a ella. Es incapaz de abandonarla. Llega a ver a través de sus ojos y a oír a través de sus oídos. Sus opiniones se ven cada vez más influenciadas y matizadas por las de ella, hasta que al final deja de tener las suyas propias. La condición mental así arrojada sobre el espíritu puede verse a nuestro alrededor en mayor o menor grado. Miles de personas pierden en alguna medida su individualidad por la influencia de los demás. Inconscientemente, piensan los pensamientos de otros, tienen las opiniones de otros, ven con los ojos de otros. El control mesmérico simplemente significa el control del pensamiento. Estar mucho con una persona, tener poca asociación, depender completamente de una asociación para la felicidad de uno, implica el peligro del control mesmérico o del pensamiento de esa persona; en otras palabras, de pensar sus pensamientos y mantener sus opiniones en lugar de las tuyas. Este control puede ser ejercido inconscientemente por el otro, o puede ser ejercido conscientemente. Hay que evitarlo mediante la variedad de asociaciones y los periodos de soledad, en los cuales podemos "encontrar nuestro verdadero yo".

Entonces, absorta en la mujer, la mente del espíritu se desvía hacia lo que más ocupa su atención. Naturalmente, eso sería el niño que va a traer al mundo o, en otras palabras, la nueva organización que se está formando en ella. Así, se une a ella mediante un vínculo espiritual. En efecto, la mujer ha obtenido inconscientemente un control mesmérico total del espíritu. Ha enviado a ese espíritu a un sueño o estado mesmérico. En ese estado, el espíritu ya se ha olvidado de sí mismo y de su existencia pasada. En cierto sentido, no es más que una parte de la mujer, haciendo y pensando como ella quiere. Entonces está vinculado por un lazo espiritual con el niño, porque la aspiración de la mujer puede ser un niño como su ideal, y el flujo constante de pensamiento en tal deseo forma este vínculo espiritual. Un flujo de pensamiento significa un flujo de sustancia, tan real como cualquiera que veamos y sintamos. Un flujo de pensamiento entre tú y otra persona es un vínculo invisible entre tú y esa otra persona, por muy distantes que estén sus cuerpos.

Por consiguiente, el cuerpo del niño nace con un espíritu realmente mesmerizado vinculado a él, no es que el espíritu esté dentro del cuerpo del niño. Ningún espíritu está realmente encerrado en ningún cuerpo humano. Su núcleo está allí, pero un espíritu es una organización que se extiende lejos del cuerpo. Un espíritu está allí donde envía su pensamiento.

Envía todo tu pensamiento en recogimiento a cualquier lugar, y la mayor parte de tu ser real estará en ese lugar.

El cuerpo es una organización distinta y separada del espíritu. Es simplemente el instrumento utilizado por el espíritu en el estado de existencia terrenal. Al estar en una vida terrenal, el espíritu necesita un instrumento de tierra para adaptarse a las exigencias de la vida terrenal; como cuando bajas a una mina de carbón, necesitas un tosco traje de minero para usarlo en la mina, y no un traje de satín o de raso. En este sentido, el cuerpo es una protección para el espíritu en su vida en la tierra; y los espíritus que pierden su cuerpo antes de alcanzar una determinada etapa de conocimiento y consecuente poder, sienten y sufren mucho por dicha pérdida, porque el cuerpo espiritual o espíritu, obligado por su inmadurez a permanecer en la tierra (como muchos están obligados a permanecer), puede sentir y sufrir intensamente por el pensamiento de los mortales a su alrededor. Es "sensible" en un grado que difícilmente puede ser comprendido aquí. Cualquier persona que sea muy impresionable, de modo que la presencia de los demás le haga sentirse agradable o desagradablemente, según su naturaleza o disposición, puede comprender hasta cierto punto cómo deben sufrir los espíritus débiles, atraídos hacia ciertas personas por una atracción que no pueden resistir. El cuerpo con todas sus dolencias, resultantes de la ignorancia de la ley espiritual, sigue siendo una protección para nuestro espíritu inmaduro contra el poder del mal pensamiento.

Por tanto, se trata simplemente de un nuevo cuerpo para el uso del espíritu, que es proporcionado por la madre. Sin embargo, este cuerpo tiene una cierta vida propia. Es análogo a la vida de una planta. Como un árbol, tiene su juventud, su madurez y su decadencia. Si el espíritu poseyera el conocimiento suficiente, podría detener esta decadencia y mantener su instrumento, mientras lo desee, no solo en una condición de madurez, sino de un vigor cada vez mayor. Lo haría enviándose a sí mismo (es decir, su pensamiento) a la vida espiritual superior y, a través de esa línea o rayo de pensamiento como vínculo de conexión, atraería hacia sí suministros del elemento vivificante perteneciente a esa región del espíritu. Un nombre para este proceso es "aspiración". En otras palabras, es el deseo, la oración o la demanda de lo más elevado y lo mejor. Esta acción mental se basa tanto en una ley científica como la atracción de la gravitación. Es el envío real de una parte de nuestro ser real (el espíritu) a un lugar del que obtiene nuevos suministros de vida. El pensamiento que enviamos hacia arriba es tan real como un cable de telégrafo, pero invisible, y al igual que un cable de telégrafo, es un verdadero conductor de vida para nosotros. También es el cable que nos envía mensajes y conocimientos sobre los métodos para aumentar dicha vida y poder.

El espíritu así unido a un nuevo cuerpo no es un "nuevo ser". Es el mismo espíritu que tiene un nuevo instrumento para trabajar, pero sigue siendo un espíritu, en cierto sentido dormido. El poder del pensamiento de la madre sigue estando en él después de que el nuevo cuerpo viene al mundo; porque está influenciado por todo el pensamiento de la madre y los errores de su pensamiento, así como la ignorancia y los errores de pensamiento de todos los que le rodean. Sigue siendo un espíritu bajo la influencia mesmérica del operador u operadores, que son la madre y los que están estrechamente asociados a ella. El poder mesmérico o de pensamiento de varios, concentrado en una persona, es proporcionalmente mayor que el de una sola mente. Todo esto se aplica al espíritu. Puede que en su último cuerpo haya sido católico, judío o mahometano. Pero si la madre y los que le rodean son protestantes, también lo será, simplemente porque el pensamiento de todos los que le rodean le influye para que tenga esa creencia.

Cuando el cuerpo es muy joven, el espíritu no puede hacer mucho uso de él. En el bebé de un año, no es más que un fragmento del viejo espíritu el que anima al nuevo cuerpo. Cuando llora por comida o se siente molesto por alguna incomodidad, es como si hubieras pellizcado o pinchado el cuerpo de una persona adulta durante el sueño. Solo hay suficiente animación o espíritu en el cuerpo del durmiente para protestar con un grito o un movimiento parecido al del niño. Porque, en realidad, durante el sueño sano y saludable, tu espíritu, tu verdadero yo, no está con tu cuerpo. Está en el exterior, vagando, viendo a otros espíritus en otros lugares y solo está conectado con el cuerpo por un vínculo.

El espíritu vinculado al nuevo cuerpo durante el periodo llamado infancia sigue hipnotizado. No es su verdadero ser. No puede aprovechar en absoluto su experiencia pasada; ésta queda eclipsada por las voluntades de los operadores. Si se trata de un espíritu fuertemente definido y que ha pasado por muchas reencarnaciones anteriores, a medida que crezca y esté cada vez más bajo la influencia de otras mentes, empezará a mostrar gradualmente algo de su verdadero ser. Protestará internamente y se opondrá a gran parte de la opinión que le rodea. Tendrá miles de pensamientos, que pronto aprenderá a no expresar a los demás porque serán calificados de "disparatados y visionarios". En efecto, se trata de visiones, pero visiones reales. Son los impulsos del alma. Son las enseñanzas del ser real, del espíritu, hacia lo que es realmente verdadero, a pesar de las trabas de la influencia del pensamiento a su alrededor.

El nuevo cuerpo que se le da puede ser imperfecto. Al igual que las semillas de las plantas atrofiadas producen plantas de calidad inferior, así también lo hacen los cuerpos que nacen imperfectos. La influencia del pensamiento de quienes lo rodean puede agravar dicha imperfección física; es decir, si los padres están siempre pensando en las enfermedades, muestran enfermedades en el niño. Una madre que siempre piensa en sus dolencias transmite esas dolencias a su hijo. A menudo, el espíritu está realmente hipnotizado en la creencia de que tiene un estómago débil o unos pulmones débiles. El padre que mantiene incluso el deseo de beber alcohol, transmitirá al niño el apetito por el licor, aunque no beba ni una gota.

Ésta es la verdadera causa de las llamadas "enfermedades hereditarias". No son herencias del cuerpo. Son herencias del pensamiento predominante de quienes más se relacionaron con él cuando era menor. Si los padres, a pesar de estar aquejados por enfermedades, pensaran en la salud y combatieran la tendencia a pensar en sus dolencias, gradualmente se curarían y transmitirían la salud a sus hijos, a pesar de la imperfección física del niño al nacer, que también es un resultado arrojado sobre él por el pensamiento de la madre, o por el pensamiento de quienes lo rodean.

De esta manera, dotado de un nuevo cuerpo, el espíritu puede venir de nuevo al mundo para correr su carrera, cargado desde el principio con una nueva carga de errores. En cierto sentido, no es su verdadero ser, está dormido e insensible a los poderes que puede haber utilizado y probado por sí mismo en una existencia recientemente pasada; está condenado a la esclavitud de la influencia del pensamiento circundante; está habituado durante años a dicha influencia, hasta que dicho hábito lo encadena a una rutina de pensamiento; se le ha enseñado que no es más que el cuerpo que utiliza; educado para burlarse de casi todo el poder espiritual y del propio espíritu como una tontería; condenado con apetitos posiblemente arrojados sobre él por las mentes de otros, de la manera indicada anteriormente; el espíritu y el genio de un Napoleón, un Byron o un Shakespeare pueden ser arrastrados por un cuerpo miserable, enfermo, disipado; un vagabundo, viviendo en lo que es literalmente un sueño miserable. Este sueño puede continuar a través de sucesivas reencarnaciones, a menos que pueda ser sometido a la influencia de algún pensamiento que conozca la verdad. Incluso entonces el despertar para conocer y realizar esa verdad puede ser difícil, ya que el proceso de deseducación es tan vasto y complicado; son tantas las ideas falsas que mantiene; la tendencia a pensar lejos de la verdad es tan grande en todo lo que piensa; tan fuerte es el poder de todo el pensamiento a su alrededor para ponerlo en la corriente de pensamiento erróneo; conoce tan poco sobre las verdaderas leyes y fuerzas de la naturaleza que naturalmente es incrédulo respecto a las verdades que aquí intentamos contar y le parece absolutamente increíble el hecho de que lo que ha considerado como su verdadero ser no sea su verdadero ser.

CAPÍTULO 13

REENCARNACIÓN UNIVERSAL EN LA NATURALEZA

Todas las formas de vida son el resultado de una serie continuada de reencarnaciones en lo que llamamos materia. Podemos llamar a la materia la forma más cruda del espíritu, organizada de manera que sea visible para el ojo físico.

Los animales, las aves, los peces y los reptiles son reencarnados. Negar un espíritu a una forma de inteligencia es negarlo para todas las formas, incluido el ser humano. El animal reaparece en una serie de nacimientos, cada uno de los cuales da a su espíritu una nueva forma. Cada una de ellas es una ligera mejora de la anterior, si el animal se encuentra en su estado salvaje o natural. La progresión, el perfeccionamiento y el cambio continuo de una organización tosca a una más fina no se limitan al ser humano.

En épocas prehistóricas existieron esas inmensas bestias toscas, aves, reptiles y peces, cuyos huesos actualmente demuestran que existieron. Estos son los indómitos padres de nuestras actuales razas de animales. El espíritu de un mamut que vivió hace innumerables años puede existir ahora en el elefante, el ciervo o el caballo salvaje. Es el espíritu refinado, que utiliza un cuerpo de menor tamaño, más fino, más agraciado y más ágil. Es la adaptación de la tendencia inconsciente de todas las formas de vida a lo más fino y mejor. Cuando el espíritu del reptil o del mamut, tosco, torpe y lento, utilizaba su cuerpo, tenía siempre el deseo de disponer de una organización o de un instrumento que le permitiera moverse con mayor libertad. Sentía sus toneladas de carne y huesos como un estorbo. Cuando ese espíritu había desgastado un cuerpo y había encontrado otro, este deseo seguía existiendo. El deseo o la demanda siempre moldearán el cuerpo de acuerdo con el deseo dominante del espíritu. Por supuesto, tal modelación es muy lenta, tal y como calculamos el tiempo. Pero el tiempo es como nada en el crecimiento de un planeta y los crecimientos en un planeta.

La reencarnación hace que todo animal adiestrado por el ser humano sea más inteligente y esté mejor adaptado al uso que desea darle. El espíritu del perro adiestrado para el agua, al recibir un nuevo cuerpo, conserva la habilidad y el adiestramiento que recibió de su amo. Si el deseo del perro era la ligereza, su cuerpo se va moldeando cada vez más a través de ese deseo de correr con rapidez.

153

PRENTICE MULFORD

El proceso de reencarnación para el animal es el mismo que para el ser humano. El espíritu que pasa de un cuerpo es atraído hacia otra organización en la que se está formando un nuevo cuerpo de carácter similar, y cuando ese cuerpo se convierte en una organización distinta de la del progenitor, el espíritu animal entra en posesión de él, siendo dicha posesión cada vez más completa a medida que el cuerpo crece hasta la madurez, y disminuyendo una vez pasada la madurez de la organización.

El juego y la jovialidad de la infancia y de la juventud se deben a la ligereza y al entusiasmo que provoca el hecho de que el espíritu tenga un nuevo cuerpo. Por la misma razón, te sientes mejor con un traje nuevo que con uno viejo. El traje viejo está lleno de tu antiguo pensamiento, pues el pensamiento es una sustancia que se adhiere e impregna todo lo que está cerca del que piensa. Tu traje viejo está cargado, en mayor o menor medida, de los estados mentales depresivos o inmaduros que has experimentado al ponértelo. Cuando te lo pones, te estás poniendo ese pensamiento inferior o abatido.

El animal pasa de reencarnación en reencarnación, a través de periodos que, comparados con los que abarca la historia conocida del ser humano, no son más que una gota en el océano. Al final, alcanza un punto en el que cesa la reencarnación de su propia especie. Su espíritu es atraído por una organización más fina y compleja. Se incorpora a ella y pasa a formar parte de ella. Esa organización de espíritu es el ser humano.

En épocas muy remotas de cualquier registro histórico conocido, los instintos salvajes del ser humano no estaban más que por encima de los del animal salvaje. En realidad no era más que un animal, con más habilidad e ingenio en el arte de matar. Su intelecto había crecido hasta el punto de darse cuenta de que un palo, una piedra, o una punta afilada en un palo o una piedra, podían utilizarse para dejar sin vida a otros animales. En este estado, la madre podría atraer hacia ella el espíritu de algún animal salvaje más inteligente o altamente desarrollado. Ese espíritu perdería entonces su identidad de cuadrúpedo y reaparecería en el cuerpo de un niño o de una niña. Podría no ser el único espíritu reencarnado en el nuevo ser. El espíritu principal podría ser el de algún hombre o mujer cuyo viejo cuerpo hubiera muerto.

Las supuestas fábulas de las antiguas mitologías sobre seres medio humanos, medio bestias, como los centauros, medio hombre, medio caballo, o las sirenas, tienen su origen en estas verdades espirituales. Nuestra raza se ha desarrollado así a partir de las formas de vida animales o más toscas. Hace incontables edades, todas las formas de vida eran más toscas que ahora. A medida que éstas se hicieron más finas, el ser humano atrajo y absorbió el espíritu de las más finas.

El espíritu de un animal realmente puede reencarnarse en un hombre o una mujer, y sus características prominentes aparecerán en ese hombre o esa mujer. Recuerda que, en cuanto a tamaño y forma, el espíritu de un caballo no tiene por qué ser como el caballo materializado en carne y hueso. El espíritu se apodera de una masa de materia, y moldea esa materia de acuerdo con su deseo dominante y la cantidad de su inteligencia.

Una anaconda no es más que una débil chispa de inteligencia que solo ha despertado al deseo de tragar y digerir. Formas de vida tan inferiores como el reptil o el pez ni siquiera se han despertado en el afecto por sus crías. El reptil, en lo que respecta al espíritu o al intelecto, no es más que un elemento alejado del vegetal. Porque el espíritu también pertenece al reino vegetal. Los árboles tienen vida propia: son gregarios y crecen en comunidades. El espíritu del árbol viejo reanima al nuevo. En el reino vegetal existe el deseo inconsciente de refinamiento, de mejores formas de vida. Por esta razón, todo el reino vegetal es de un tipo más fino que hace años, cuando los árboles y plantas del mundo, aunque inmensos en tamaño, eran de fibra gruesa y en correspondencia con la vida animal que los rodeaba.

Por tanto, la verdadera evolución es la del espíritu que, a través de sucesivas edades, adopta en sí mismo muchas reencarnaciones, añadiendo alguna cualidad nueva con cada reencarnación.

La "supervivencia del más apto" implica que las mejores cualidades así reunidas sobreviven. Las más bajas, toscas y salvajes se desprenden gradualmente. Las mejores cualidades de todas las formas de vida animal acaban reuniéndose en el ser humano. Así, ha adquirido o absorbido en sí mismo el valor del león, la astucia del zorro, la rapacidad del buitre y del águila. A menudo ves el pico del águila o del buitre en el rostro de una persona, el bulldog en el de otra, el lobo, el zorro, etc. Los rostros no dejan entrever ningún signo falso del carácter del espíritu. El ser humano, reconociendo inconscientemente

156

esto, utiliza los términos "zorro", "lobo", "serpiente" e incluso "cerdo" para describir el carácter de ciertos individuos.

Ningún animal sacado de su condición salvaje o natural, y entrenado por el ser humano a través de sucesivas generaciones para su uso, es realmente mejorado como animal. Solo se mejora para el uso o el placer del ser humano. Un animal sobrecargado de grasa, como el que puede verse en una exposición agrícola, está privado de agilidad y fuerza. El desarrollo de la grasa hasta tal exceso es un perjuicio para el animal. La domesticación de un ave o animal por el ser humano es artificial; hace que ese ave o animal dependa totalmente de él para su sustento; entonces es incapaz de sostenerse como en su estado salvaje o natural. El pato o ganso domesticado es un pato indefenso, casi incapaz de volar: su poder de vuelo se ha perdido a través de generaciones de cautiverio. El pájaro o el animal tiene derecho a todas las facultades que le ha dado la naturaleza. Le robamos esas facultades para obtener su carne, sus huevos o el uso que podamos hacer de ellos.

El espíritu del animal domesticado es absorbido por el del ser humano. Con él absorbe el espíritu de esclavitud, de dependencia, de impotencia. Absorbe un producto de espíritu antinatural, forzado y artificial. Esto tiñe su propio espíritu con el de la esclavitud, la dependencia y una cierta impotencia. Así, el mal que hace al animal regresa a él.

La naturaleza finalmente se niega a perpetuar las condiciones forzadas o artificiales en cualquier tipo de vida. Cuanto más alta o más fina sea la cría, cuanto más cuidados se requieran para mantener a un pájaro, un animal o un vegetal, más expuestos estarán a las enfermedades. Nuestro ganado de alta cría debe tener un alojamiento más cálido, y una alimentación que requiere más cuidados en su preparación, que el llamado tipo inferior. Un Mustang californiano, que es una aproximación al caballo salvaje, se mantendrá y hará un trabajo duro donde el animal altamente domesticado se moriría de hambre. Finalmente, se llega a un punto en el que la cría artificial no puede ir más lejos. El tipo artificializado se vuelve cada vez más delicado y requiere cada vez más cuidados. Si se suprimen esos cuidados y el animal logra sobrevivir, en unas pocas generaciones vuelve al tipo salvaje original, tal como se ve en el conejo que, si se deja solo, en tres o cuatro generaciones volverá a ser gris, el color de la especie salvaje. Cuando es gris es un animal más resistente que cuando es blanco o "manchado". Al fin y al cabo, la naturaleza sabe mejor que nadie qué hacer con los suyos. El ser humano no realiza ninguna mejora real en la naturaleza. Deja al espíritu solo con sus propios impulsos, deja al espíritu solo con su propia dirección y hará todas las cosas bien. Cuando nos entrometemos, lo estropeamos.

Todos los cereales, frutas y verduras cultivados por el ser humano son tipos naturales capturados y esclavizados por él. Son cultivados en condiciones forzadas. Dependen de los cuidados humanos. Si se les retira ese cuidado, no pueden sostenerse por sí mismos, como lo hacen los crecimientos silvestres, o como lo hicieron los padres de nuestro actual trigo, papa, manzana, cereza u otro vegetal en sus estados naturales. Al consumir estos crecimientos artificiales, también está absorbiendo su espíritu de dependencia, de esclavitud y de condición antinatural. Todo ello tiende a paralizar y retrasar el crecimiento de sus poderes espirituales.

Todos los vegetales cultivados, como todos los animales criados artificialmente, están más expuestos a las enfermedades que las mismas especies en su estado salvaje. Si el ser humano los descuida, desaparecen por completo o vuelven al tipo original.

Te preguntarás cómo podría haber vivido la humanidad sin los cereales, las frutas, las verduras y los animales cultivados. La respuesta es que el ser humano no es un cuerpo, sino un espíritu utilizando ese cuerpo; si este espíritu hubiera crecido de forma natural, habría encontrado otros y mejores medios para alimentar y fortalecer el cuerpo que los que ahora se utilizan; un grado superior de poder espiritual habría recogido, apropiado o condensado de los elementos cualquier alimento o cualquier sabor de alimento deseado, como hizo Cristo cuando alimentó a la multitud. Cuando el ser humano, hace siglos, en su ceguera, temió confiar de esta manera en el espíritu y confió totalmente en lo material, en la carne y el grano para alimentarse, y en la carne y el grano producidos artificialmente, se apartó de su vida y felicidad más elevada y mejor, la vida de su espíritu.

El árbol del conocimiento en el Jardín del Edén, y el efecto perjudicial de su fruto en dos personas, no es una fábula. El jardín era la tierra en su estado natural. Adán y

Eva eran los antepasados de nuestras actuales razas blancas. Fueron traídos a esta tierra por un poder superior procedente de otro planeta. Poseían una inteligencia superior a la de las razas oscuras que había entonces en la tierra. Los poderes que los trajeron deseaban que estas dos personas dependieran de sus propios poderes espirituales para mantenerse. Deseaban que se alimentaran únicamente de los frutos silvestres que les rodeaban, para que absorbieran solo el espíritu natural y más poderoso de dicho crecimiento. No deseaban que esclavizaran ninguna forma de espíritu encarnada en una organización material, ni que corrompieran ese espíritu mediante ningún proceso forzado y artificial. El árbol del conocimiento implicaba que había formas y medios para producir estos crecimientos artificiales, los cuales no era conveniente que conocieran. La sabiduría superior deseaba que conocieran sus poderes espirituales, como lo hace con nosotros. Éstos habrían hecho por ellos mucho más que lo material, como pueden hacer por nosotros. Las facultades del espíritu, cuando se cultivan, pueden permitir a las personas abandonar sus cuerpos, atravesar vastos espacios y visitar otros continentes e incluso planetas. Puede hacer que las personas sean totalmente independientes de los actuales y engorrosos dispositivos de transporte. No habría necesidad de llevar ninguna mercancía o producto de una tierra a otra cuando unos pocos segundos podrían llevar nuestro cuerpo espiritual a esas tierras. El poder espiritual haría todo y cualquier alimento deseado a partir de los elementos, a voluntad. Esto haría innecesario el cultivo de la tierra, y todos los crecimientos forzados y artificiales de animales o vegetales.

Adán y Eva no confiaron en este poder. El conocimiento que se les prohibió era el conocimiento para mantener la vida de sus cuerpos a través de estos estados forzados y artificiales de animales y vegetales; mediante el cautiverio de las organizaciones naturales; mediante un desarrollo antinatural en dicho cautiverio; haciendo del animal y la planta lo que la naturaleza no pretendía que fueran; mediante la matanza y la muerte, y renovando la vida del cuerpo humano mediante la vida antinatural o el espíritu de otro cuerpo.

El Poder Superior les dijo: "Si comes del fruto del árbol del conocimiento, ciertamente morirás". Ellos comieron o absorbieron el pensamiento de este conocimiento de alguna fuente, posiblemente de las razas inferiores que les rodeaban. Capturaron al animal salvaje y lo convirtieron, mediante la crianza artificial, en una criatura que la naturaleza no pretendía que fuera. Hicieron lo mismo con la planta. Luego vino la matanza de estos animales, y la alimentación de sus propios cuerpos con su sangre. Dos veces se repite en los primeros capítulos del Génesis: "Carne con su vida, que es su sangre, no comerán".

En el Edén los animales no temían al ser humano; no había necesidad de domesticarlos. Incluso hoy en día las criaturas salvajes, en su estado natural, pueden ser atraídas por la amabilidad constante hasta su completa domesticación.

Pero con el cautiverio, la matanza y la caza, el pájaro y el animal aprendieron a temer al ser humano; el Edén había terminado. El miedo implantado en el animal, a través de la ingestión de su sangre, es nuevamente transferido al ser humano. Lo mismo ocurre con cualquier otra cualidad antinatural o distorsionada, procedente del crecimiento artificial o antinatural. Absorbemos la impotencia de la planta o del animal, que dependen totalmente del cuidado humano.

Adán y Eva fracasaron por su incapacidad de comprender y confiar en la ley espiritual; solo confiaron en lo material. Lo material es temporal; lo espiritual es permanente. Lo que vemos, ya sea un árbol, un animal o cualquier forma de materia, está realmente unido por el espíritu. Deberíamos llamar a la atracción de la cohesión, el poder del espíritu para mantener unida toda la materia. Confiar en las cosas materiales y en la ley material, como se denomina erróneamente, es confiar en la locomotora que arrastra el vagón, en lugar del maquinista que lo dirige. La locomotora representa lo material; el maquinista, el espíritu que lo mueve y controla.

www.ingramcontent.com/pod-product-compliance
Lightning Source LLC
LaVergne TN
LVHW011912080426
835508LV00007BA/498

Eardrum

Martin Langford

PUNCHER & WATTMANN

First published in 2019
Published by Puncher and Wattmann
PO Box 279
Waratah NSW 2298

http://www.puncherandwattmann.com
puncherandwattmann@bigpond.com

NATIONAL
LIBRARY
OF AUSTRALIA

ISBN   9781925780505

Cover design by Tim Langford

Typeset by David Musgrave

Printed by Lightning Source International

This project has been assisted by the Australian Government through the Australia Council, its arts funding and advisory body.

Australian Government

Australia Council
for the Arts

For John 'Jack' Adams (1905-1988)

Contents

I

That bodies are sites
for the passage of wave-forms:

more music
than word.

I

The Finales

A Beethoven ending is not a true ending.

It can't be. There are no such things.

He raises the volume.

He tensions the strings and attacks. . .

Eases silk across skin.

Still, God refuses to happen.

He pounds with that great club, his talent;
empurples the air
with the claim that a world has been won –

leaving his heirs
to *the doubts after Ludwig* –

who wanted so badly,
who travelled so close to their need:
Liszt, praying *technique*;
or Schumann, who thought that a deity
might be the yearning – the gulf – between keys.

None of them found what they looked for.

Where else to look then?

O how many died, in the wars,
that a story might end?

The Stone Song

"During the war, we were trying to save ammunition. If we were by the sea, we'd pack a barge tight as sardines. It wouldn't be screaming from the hold, but a beastly roar. . . 'Our proud Varangian never surrenders/ No-one seeks mercy here. . .' The hands of each of the condemned were bound with wire, and a stone would be tied to their feet. If it was calm weather, a calm sea, you could watch them sinking for hours. . .What are you looking at me for? You little punk! What are you looking at? Shit … !!! That was our job!"

The son of Anna M., from a conversation with a Chehkist interrogator, in Svetlana Alexievich's Secondhand Time, *trans. Shayevich.*

This is the song of the kulaks.
This is the song of the engineers smashing their trains.
The song of the troops
who had offered their arms to the Germans.[1]
Of the wounds that can see what they see.
After the terror, and beatings;
after the hunger, and fæces, and insults and cold:
this is the song of fuck-you
to the meaningless nightmare.

These are the tongues
that were shaped in the deep time of creatures.
This is the tune they once learnt.
This is the technique
of throats that have sloughed off their layers:
whose words cannot help –
and whose one talent left is more noise.

This is the anthem of divers
who'll sink with their ballast.
These are the wrists bound with wire.
And this is the strength you can sing with,
the pitch you can reach, wearing number twelve stones.

This is the music
that sounds, from the shore,
like a swift flock of birds
re-aligning their flight, and then – onwards.

This is the soughing of afternoon airs on the sea.

But it plays, in the mind,
like a permanent flutter of vigil –
a low flame of doubt and dismay –
against the unquenchable interests
that watch over small-talk –
that light-hearted eye for advantage and weakness –
which is measured enough, in a lounge-room –
but which will – if the hunting comes back –
soon flower again
to a stale room, a barge smeared with blood.

1. In the 1930's, when industrial quotas proved unrealistic, Stalin accused his engineers of sabotage. In some areas during the Second War, troops preferred to either fight with the Germans (eg Western Ukraine), or to raise insurrections of their own against Soviet rule (eg Chechnya).

CD

Press this –
a quintet will play me
a dynamic version
of whom-we-might-be.

It will play
while I'm out of the room.

It would play
on the beach without waves
at the end of the sky.

Ligeti: *Atmosphères*

The inversion of scale is complete.

This is not music
where selves loom as monsters of doubt –
driving the action-plan, searching for home –
flailing around as theatre *and* actors *and* script.

Here there are only
immense folds of darkness.

At one point: some wingbeats.

Then: miniature dialogues, off.

Mick: *Satisfaction*

Neither Angie
nor *the girl at the reception*
could have satisfied this:

who might have swayed
into his field
as gorgeous answers –

but strayed
into clothes shops, alternative scenes;
half-lives as *Look of the Month* –

the past's trailing edges;

the Carnaby zen of old trunks.

Talk,
like a haggling of crows
that mutates and mutates;

rain on the Serpentine;

self-pity, sponsored by screams –

loss

for someone real

and then

a vaguer sense of loss
without an object.

Riley Lee At Government House

King Edward
gazes vaguely at the audience.
He sees nothing, of course,
but not just because he's a painting. . .
No doubt the court painter knew
that alertness –
displeasure,
half-gleams of amusement –
construed him as *us*.

Which was not in a good sovereign's brief.

He was there to embody –
like bold Cocker Lions,
or gestures of orb on the steps.
It was our job – the job of our forebears –
to focus on him.
Hence all the detail.
It stopped people asking.
It told them how elsewise their lives:
e.g.
that his train was a soft-sculpture ski-slope.
(which meant flocks of ermine –
and squadrons of hands –
must be kept in a briefcase nearby).

That his boots
were the finest sliced rat.

That his chest was a platform
for rosette and noodle –
a shelf for the flowerbeds of dash.

Who gazes out blandly
from fields of fine brushwork –
while Riley explores, at his feet,
prairies with no known co-ordinates,
with sharp breaths, through plain, varnished grass[1].

[1] Riley Lee plays shakuhachi – Japanese bamboo flute.

The Oldest Quartet In The World

In the cool, sandstone chamber,
they count out the change
for their shandies. First, only light
floods the walls, and the wisps
on their skulls. Saturday lunch,
and The Oldest Quartet in the World
mounts the steps to the stage
to play dance-hall and jazz.

They keep almost-time
as they walk through the dance-steps for passion:

the red guitar trembles
but perilous bridges are conquered;

the keyboard's a crumpled bass clef
but keeps darting out licks.

Once, they'd led straight to love's blood sports,
these tremulous contours.

Now,
they're the kindest path home:

stooped, aural pilgrimage –
puffing in time –
down the clockwise of honeycombed light.

The Saviour

She was going to rescue the Africans:
the gangsters who lived in the most vicious block
in the most vicious jail in the world.
It was the hardness in their eyes she could not bear –
their indifference: to their cellmates, to herself.
She would play them some duets by Verdi, Puccini –
peel back their scars until nothing was left
but the good that she knew was still there.

    So she talked it all out, in her rooms:

which is how they all came to be sitting there,
fighting back tears – stripped
by those vibrato arcs
          to the grief she had planned –

          and their leader –
the one she would save –
she worked on him daily with kindness,
and all her best lines. And she hassled
the council, the Governor,
until he walked free – to the life of the streets.

          Where before the year's end
he had taken his kerrie,
and broken an old comrade's skull –
a brother from childhood who'd doubted
he'd still had the guts.

          And he told her,
the first time they met:
that he'd never listen to that shit again.
Not next time. Not times after that. No more

nice-nicey. No cry time. Not now the wound
that it gave him had healed, and healed good.

Segue

The assertion
has no ear for the other.

It will fail
if it cannot persuade you
of its point of view:

at which
it will turn into whinge,
an assertion of lack –

The Midnight Rambler
crumple down –

adjust his face –

and *plead*
in the high wail of *Tell Me*.